Datrys

Problemau

Mathemateg

Blwyddyn 2

Catherine Yemm

Brilliant
PUBLICATIONS

Llyfrau eraill yn yr un gyfres:

Datrys Problemau Mathemateg – Blwyddyn 1   ISBN 978-1-78317-284-9
Datrys Problemau Mathemateg – Blwyddyn 3   ISBN 978-1-78317-286-3
Datrys Problemau Mathemateg – Blwyddyn 4   ISBN 978-1-78317-287-0
Datrys Problemau Mathemateg – Blwyddyn 5   ISBN 978-1-78317-288-7
Datrys Problemau Mathemateg – Blwyddyn 6   ISBN 978-1-78317-289-4

Cyhoeddwyd gan Brilliant Publications
Uned10, Sparrow Hall Farm,
Edlesborough, Dunstable, Bedfordshire
LU6 2ES

E-bost: info@brilliantpublications.co.uk
gwefan: www.brilliantpublications.co.uk
Ymholiadau cyffredinol:
Ffôn: 01525 222292

Mae'r enw Brilliant Publications a'r logo yn nodau masnach cofrestredig.

Ysgrifennwyd gan Catherine Yemm

Clawr a darluniau gan Frank Endersby

ISBN print: 978-1-78317-285-6
ISBN e-lyfr: 978-1-78317-291-7

© Catherine Yemm 2005

Cyhoeddwyd gyntaf yn 2016.
Cyhoeddwyd yn y DU.
10   9   8   7   6   5   4   3   2

Cynnwys

Cyflwyniad

Datrys Problemau Mathemateg – Blwyddyn 2 yw'r ail lyfr mewn cyfres o chwe llyfr adnoddau ar gyfer gwersi rhifedd. Mae'n cynnwys gofynion datrys problemau y Fframwaith Rhifedd Cenedlaethol. Mae pob llyfr yn addas i flwyddyn ysgol benodol ac yn cynnwys adnoddau y gellir eu llungopïo.

Mae datrys problemau yn rhan bwysig o'r cwricwlwm rhifedd ac mae rhifedd yn bwnc pwysig gan fod plant yn dysgu sgiliau sy'n eu galluogi i ddatrys problemau mewn agweddau eraill o'u bywydau. Nid yw'n ddigon gallu cyfrif, adnabod rhif a chyfrifo; mae ar blant angen gallu defnyddio sgiliau datrys problemau ochr yn ochr â gwybodaeth mathemategol i'w helpu i lwyddo mewn gwahanol sefyllfaoedd 'bywyd go iawn'. Nid yw llawer o'r sgiliau a'r strategaethau datrys problemau sydd eu hangen yn dod yn naturiol felly mae'n rhaid eu haddysgu.

Ni ddylai datrys problemau fod yn faes sy'n cael ei addysgu yn noeth ar ei ben ei hun ond mae'n un y dylid ei addysgu ochr yn ochr â meysydd mathemateg megis rhif, siâp, gofod a mesurau. Bydd plant yn elwa o gael cyfleoedd i ddatrys problemau mewn meysydd eraill o'r cwricwlwm ac allan o'r dosbarth yn ogystal ag mewn gwersi penodol ar rifedd.

Pan yn addysgu plant i ddatrys problemau mae nifer o bwyntiau y dylid eu hystyried:

- Dylai'r nifer o gamau yn y problemau amrywio yn dibynnu ar oedran y grŵp. Bydd plant yn elwa o gael problemau byr, canolig ac estynedig.
- Dylai problemau ar un dudalen neu mewn un wers fod yn amrywiol fel nad yw'r plant yn cymryd yn ganiataol mai problemau 'lluosi' ydyn nhw, er enghraifft, ac felly yn lluosi'r rhifau maen nhw'n eu gweld er mwyn cael yr atebion.
- Mae'n rhaid i'r problemau amrywio o ran cymhlethdod: dylai bod rhai problemau un cam a rhai dau gam a dylai'r eirfa ym mhob problem fod yn wahanol.
- Yn dibynnu ar oedran y plant gellid cyflwyno'r problemau ar lafar neu'n ysgrifenedig.
- Pan yn gosod problemau ysgrifenedig i'w datrys efallai y bydd ar rai plant angen help i ddarllen y geiriau, er nad yw hyn o reidrwydd yn golygu y byddan nhw angen help i ateb y cwestiwn.
- Dylai cyd-destun y broblem wneud synnwyr a bod yn berthnasol i'r plant. Dylai geisio eu hannog i ddod o hyd i'r ateb a bod o ddiddordeb iddyn nhw. Er enghraifft, dylid cynnwys ewros yn ogystal â phunnoedd.

Mae'r llyfr hwn wedi'i rannu'n bedair pennod: 'Datblygu ymresymu rhifyddol', 'Datblygu ymresymu rhifyddol: Adnabod prosesau a chysylltiadau', 'Defnyddio sgiliau rhif' a 'Defnyddio sgiliau data'. Mae pob pennod yn cynnwys chwe gwers, un i'w defnyddio bob hanner tymor.

Datblygu ymresymu rhifyddol

Mae'r llinyn 'Datblygu ymresymu rhifyddol' yn y Fframwaith Rhifedd Cenedlaethol yn nodi y dylai plant Blwyddyn 2 allu 'dewis a defnyddio ffeithiau rhif a strategaethau meddwl perthnasol'.

Yn y bennod hon mae'r pwyslais ar ddewis ac yna defnyddio'r gweithrediad cywir i ddatrys problem. Ym Mlwyddyn 2 caiff y plant eu dysgu i adio, tynnu, lluosi a rhannu a dylen nhw ddeall bod angen dulliau gwahanol i ddatrys gwahanol broblemau. Dylid rhoi'r cyfle i'r plant i daclo problemau cymysg fel eu bod yn dysgu sut i feddwl yn agored a gwneud penderfyniad yn seiliedig ar yr eirfa a ddefnyddir a'r cwestiwn ei hun. Os nad yw plant yn cael dysgu'r sgiliau hyn yna mae'n gyffredin iawn iddyn nhw dybio mai adio yw'r ffordd i ddod o hyd i ateb i gwestiwn gyda dau rif. Mae'r cwestiynau yn y bennod hon wedi'u gosod yn unol â sgiliau y bydd y plant yn eu hymarfer bob hanner tymor. Yng ngwersi 1, 3 a 5 bydd angen i'r plant ddefnyddio sgiliau adio a thynnu i ddatrys problemau. Yng ngwersi 2, 4 a 6 bydd angen iddyn nhw ddefnyddio eu sgiliau lluosi a rhannu. Mae'r cwestiynau wedi'u llunio i ganiatáu i'r plant ddatrys problemau mewn nifer o gyd-destunau perthnasol.

Pan mae'r plant yn cwblhau'r cwestiynau dylech eu hannog i feddwl am y cyfrifo mae'n rhaid iddyn nhw ei wneud a'i ysgrifennu. Dylid eu hannog hefyd i gofnodi beth maen nhw'n ei ddefnyddio i gael yr ateb. Er enghraifft:

Mae gan Joshua 24c ac mae'n prynu llyfr am 11c. Faint o newid gaiff e?

Bydd rhaid i mi _____ 24–11 _____

Byddaf yn defnyddio ___ cownteri _____ i'm helpu

Yr ateb ydy _____ 13 ceiniog _____

Mae'r amcanion datrys problemau yn gysylltiedig â'r grŵp o ofynion a geir o dan yr elfen 'Adolygu'. Yn ystod y sesiwn gloi dylid annog y plant i wirio eu hatebion drwy benderfynu a ydy'r atebion yn rhesymol a synhwyrol. Dylai'r disgybl allu 'dehongli gwybodaeth a gyflwynir ar ffurf siartiau/diagramau a dod i gasgliadau priodol'.

Datrys Problemau Mathemateg – Blwyddyn 2

Datblygu ymresymu rhifyddol: Adnabod prosesau a chysylltiadau

Yn ôl amcanion y Fframwaith Rhifedd Cenedlaethol dylai plant Blwyddyn 2 allu:

■ trosglwyddo sgiliau mathemategol i weithgareddau chwarae a'r ystafell ddosbarth
■ adnabod camau i gwblhau'r dasg neu gyrraedd datrysiad
■ dewis mathemateg a thechnegau priodol i'w defnyddio
■ dewis a defnyddio ffeithiau rhif a strategaethau meddwl perthnasol
■ dewis cyfarpar ac adnoddau priodol
■ defnyddio gwybodaeth a phrofiad ymarferol yn sail wrth amcangyfrif.

Mae'r gweithgareddau yn gymysgedd o broblemau, posau a datganiadau. Mae gwersi 1, 3 a 5 yn ymwneud â siapiau, ac mae gwersi 2, 4 a 6 yn ymwneud â rhif. Pan geir datganiad megis ' Os ydych yn tynnu odrif o 5 rydych yn cael eilrif.', dylai'r plant gael eu hannog i roi enghreifftiau i brofi'r datganiad, ee **5 – 3 = 2** neu **5 – 1 = 4**. Gall eraill fod yn gwestiynau mwy amlwg sydd angen ateb. Dylai'r athro geisio rhoi amser i siarad gyda'r plant tra'u bod yn gweithio er mwyn rhoi'r cyfle iddyn nhw i esbonio eu dulliau a'u rhesymu ar lafar ac i roi cyfle iddyn nhw ofyn cwestiynau megis ' Beth os...?' Bydd y sesiwn gloi ar ddiwedd y wers hefyd yn rhoi'r cyfle i wneud hyn.

Defnyddio sgiliau rhif

Yn ôl elfen 'Defnyddio ffeithiau rhif a'r berthynas rhwng rhifau' y Fframwaith Rhifedd dylai plant Blwyddyn 2 allu:

■ cyfrif setiau o wrthrychau drwy eu rhoi mewn grwpiau o 2, 5 neu 10
■ darllen ac ysgrifennu rhifau hyd at 100
■ cymharu a rhoi rhifau 2 ddigid mewn trefn
■ galw i gof ffeithiau rhif hyd at 10, er mwyn deillio ffeithiau eraill, h.y.:
  • dyblu a haneru, e.e. cyfrifo 40 + 40 drwy wybod 4 + 4
  • bondiau o 10, e.e. cyfrifo 60 + 40 drwy wybod 6 + 4
  • galw i gof dablau lluosi 2, 5 a 10 a'u defnyddio.

Mae'r gweithgareddau yn y bennod hon yn 'broblemau geiriau'. Bwriedir i'r cyd-destunau fod yn realistig ac yn berthnasol i blant oedran Blwyddyn 2. Mae'r cwestiynau yn gofyn am y gweithrediadau canlynol: adio, tynnu, lluosi a rhannu ac mae'r cwestiynau yn ymwneud ag arian, mesurau a sefyllfaoedd bob dydd. Mae datblygiad yn y bennod sy'n cyd-fynd â'r Fframwaith Rhifedd Cenedlaethol. Mae rhai o'r cwestiynau yn gwestiynau un cam tra bo eraill yn gwestiynau dau gam. Mae'r gweithrediadau sydd eu hangen i ddatrys y problemau wedi'u dewis i adlewyrchu'r sgiliau eraill y mae'r plant yn eu hymarfer ym mhob hanner tymor penodol.

© Catherine Yemm

Tymor	Cwestiynau
Hydref – hanner 1af	Problemau un cam + a –
Hydref – 2il hanner	Problemau un cam x a ÷
Gwanwyn – hanner 1af	Problemau un cam + a –
Gwanwyn – 2il hanner	Problemau un cam x a ÷
Haf – hanner 1af	Problemau dau gam + a - a phroblemau un cam x a ÷
Haf – 2il hanner	Problemau dau gam + a – a phroblemau un cam x a ÷

Dylai'r athro geisio rhoi amser i siarad gyda'r plant tra'u bod yn gweithio er mwyn rhoi cyfle iddyn nhw esbonio eu dulliau a'u rhesymu ar lafar. Bydd y sesiwn gloi ar ddiwedd y wers hefyd yn rhoi'r cyfle i wneud hyn.

Mae'r amcanion datrys problemau yn gysylltiedig â'r grŵp o ofynion a geir o dan yr elfen 'Amcangyfrif a gwirio'. Yn ystod y sesiwn gloi dylid annog y plant i wirio eu hatebion drwy adio eto mewn trefn wahanol a defnyddio haneru a dyblu o fewn 20.

Defnyddio sgiliau data

Yn ôl amcanion y Fframwaith Rhifedd dylai plant Blwyddyn 2 allu:

■ casglu a chofnodi data o:
        restrau a thablau
        diagramau
        graffiau bloc
        pictogramau lle bo'r symbol yn cynrychioli un uned
■ echdynnu a dehongli gwybodaeth o restrau, tablau, diagramau a graffiau.

Fel bo'r plant yn tyfu byddan nhw'n dod ar draws mwy a mwy o wybodaeth. Dylid dysgu sgiliau y byddan nhw eu hangen i roi trefn ar a gwneud synnwyr o wybodaeth y byddan nhw'n ei chasglu neu'n ei derbyn. Yn yr oedran hwn dylid eu hannog i ddefnyddio pictogramau a graffiau bloc i arddangos eu gwybodaeth a dylid rhoi'r cyfle iddyn nhw wneud synnwyr o wybodaeth mae eraill wedi'i chasglu.

Y wers

Tasg ddechreuol

Gellir dechrau'r wers gyda thasg mathemateg pen 5-10 munud. Gall hyn olygu ymarfer sgìl mathemateg pen penodol ar gyfer yr hanner tymor hwnnw neu yn ddelfrydol yn amcan sy'n gysylltiedig â'r problemau y bydd y plant yn eu datrys ym mhrif ran y wers. Er enghraifft, os yw'r problemau yn gofyn i'r plant i adio a thynnu yna byddai'n ddefnyddiol treulio 10 munud cyntaf y wers yn atgyfnerthu bondiau adio a thynnu a'r eirfa angenrheidiol.

Y prif gweithgaredd addysgu a gweithgaredd y disgybl

Mae'r llyfr hwn yn ceisio darparu'r holl daflenni gwaith y bydd ar athro eu hangen i gyflwyno'r rhan hon o'r wers yn llwyddiannus. Mae tudalen gyntaf pob gwers, 'Gweithgaredd dosbarth cyfan' yn rhoi tair enghraifft o broblemau sydd angen eu datrys. Fe'u cynlluniwyd i'w llungopïo, ynghyd â'r daflen ateb wag (gweler tud 10). Bydd yr athro'n defnyddio'r daflen ateb i fynd drwy'r enghreifftiau gyda'r dosbarth cyn cyflwyno'r dosbarth i'r cwestiynau y gallan nhw eu gwneud eu hunain. Dylai'r athro ddangos sut i ddatrys y broblem gan ddefnyddio'r sgiliau sy'n berthnasol i allu'r plant yn y dosbarth, er enghraifft defnyddio lluniau, cownteri a llinellau rhif.

Unwaith y bydd y plant wedi gweld nifer o enghreifftiau byddan nhw'n barod i roi cynnig ar ddatrys cwestiynau eu hunain. O fewn pob gwers mae dewis o dair taflen waith wedi'u gwahaniaethu. Mae'r cwestiynau ar y taflenni gwaith yr un fath ond mae lefel y cymhlethdod mathemategol yn amrywio. Mae hyn yn sicrhau bod y cwestiynau wedi'u gwahaniaethu yn unol â gallu mathemategol y plentyn yn unig. Bydd hefyd yn sicrhau y gall pob plentyn gymryd rhan yr un pryd pan yn mynd drwy'r cwestiynau yn y sesiwn agoriadol. Er enghraifft, mewn cwestiwn sy'n cynnwys adio tri rhif efallai bydd rhaid i blant adio tri rhif gwahanol ond pan fydd yr athro yn eu tywys drwy'r cwestiwn bydd y ffaith mai adio sydd angen ei wneud i ddatrys y broblem yn un bwysig fydd yn cael ei hatgyfnerthu. Os ydy'r plant yn ateb cwestiynau hollol wahanol yna pan mae'r athro'n mynd drwy'r cwestiynau yn y sesiwn agoriadol bydd yn rhaid i rai grwpiau o blant eistedd yn llonydd gan nad oedd y cwestiwn hwn ganddyn nhw ar eu taflen. Os yw'r athro'n teimlo y byddai rhai plant yn gweld budd o gael cwestiynau haws neu anos yna gallan nhw newid y rhifau ar y taflenni i rai sy'n fwy addas.

Y sesiwn gloi

Un o'r pethau pwysig mewn datrys problemau ydy trafod sut y gellir eu datrys ac mae'r sesiwn gloi yn benthyg ei hun i hyn yn dda iawn. Ar ôl i'r plant orffen y problemau gellir defnyddio'r sesiwn gloi i:

- drafod yr eirfa a ddefnyddiwyd yn y problemau
- trafod sut gellir mynd ati i ddatrys y broblem
- torri problem yn rhannau llai
- rhestru'r gweithrediadau a'r cyfrifiadau ddefnyddiwyd i ddatrys y broblem
- trafod a oes mwy nag un ffordd i ddatrys y broblem
- trafod sut gellir gwirio'r atebion
- rhoi gwybod beth ydy'r atebion i nifer o'r cwestiynau.

Cefnogaeth

Er gwaethaf eu gallu mathemategol bydd llawer o blant yr oedran hwn yn ei gweld yn anodd i ddarllen y cwestiynau a deall yr eirfa. Dylid rhoi cefnogaeth i'r plant hynny sydd ei angen i ddarllen fel eu bod yn cael y cyfle i ymarfer eu sgiliau mathemategol. Efallai bydd angen i oedolion ysgrifennu ar ran rhai plant.

Gwaith ymestynnol

Efallai bydd angen ymestyn ymhellach y plant hynny sy'n gweld y gwaith yn eithaf hawdd. Yn ogystal â rhoi'r cwestiynau mwy heriol iddyn nhw gellid gofyn iddyn nhw wneud cwestiynau eu hunain a fydd yn cynnwys yr un gweithrediadau.

Adnoddau

Byddai'n ddefnyddiol, ar gyfer rhai cwestiynau, gwneud yn siwr bod yr adnoddau canlynol ar gael i'r plant:

Cownteri
Llinellau rhif hyd at 20
Ciwbiau aml-gyswllt
Dewis o siapiau 2D a 3D
Darnau arian 1c, 2c, 5c, 10c a 20c
Clociau analog gyda bysedd sy'n symud.

Taflen ateb i'w llungopïo

Bydd rhaid i mi _____

Byddaf yn defnyddio _____ i'm helpu

Yr ateb ydy _____

Bydd rhaid i mi _____

Byddaf yn defnyddio _____ i'm helpu

Yr ateb ydy _____

Bydd rhaid i mi _____

Byddaf yn defnyddio _____ i'm helpu

Yr ateb ydy _____

Datblygu ymresymu rhifyddol

Gweithgaredd dosbarth cyfan

Mae gan Adam 31 car yn ei gasgliad. Mae gan ei ffrind Craig 11 yn llai nag e. Sawl car sydd gan Craig?

Mae'r bws ysgol yn mynd â 27 plentyn i'r ysgol. Mae 8 plentyn arall yn dod ar y bws yn yr arosfan olaf. Faint o blant sydd yn cyrraedd yr ysgol ar y bws?

Mae gan Ann 14 ceiniog. Mae gan Sara 15 ceiniog. Faint o arian sydd ganddyn nhw gyda'i gilydd?

Gellir llungopïo'r dudalen hon gan y sefydliad sy'n prynu yn unig.

© Catherine Yemm

www.brilliantpublications.co.uk

Datrys Problemau Mathemateg – Blwyddyn 2 11

Gwers 1a

1. Mae gan Joshua 18c ac mae'n prynu llyfr am 11c. Faint o newid fydd e'n ei gael?

Bydd rhaid i mi _____

Byddaf yn defnyddio _____ i'm helpu

Yr ateb ydy _____

2. Amser cinio mae Jayani eisiau 5 o sglodion gyda'i bysedd pysgod ac mae Jack eisiau 6. Faint o sglodion sy'n rhaid i mam eu coginio i gyd?

Bydd rhaid i mi _____

Byddaf yn defnyddio _____ i'm helpu

Yr ateb ydy _____

3. Mae Dosbarth 3 wedi benthyg 16 llyfr o'r llyfrgell. Mae Dosbarth 4 wedi benthyg 10. Faint o lyfrau fydd yn rhaid iddyn nhw eu dychwelyd i'r llyfrgell?

Bydd rhaid i mi _____

Byddaf yn defnyddio _____ i'm helpu

Yr ateb ydy _____

4. Mae'r gellyg maen nhw'n eu gwerthu yn ffreutur yr ysgol 9 gram yn drymach na'r bananas. Os ydy banana yn pwyso 43 gram faint mae gellygen yn ei bwyso?

Bydd rhaid i mi _____

Byddaf yn defnyddio _____ i'm helpu

Yr ateb ydy _____

www.brilliantpublications.co.uk Gellir llungopïo'r dudalen hon gan y sefydliad sy'n prynu yn unig.
Datrys Problemau Mathemateg – Blwyddyn 2 © Catherine Yemm

1. Mae gan Joshua 24c ac mae'n prynu llyfr am 11c. Faint o newid fydd e'n ei gael?

Bydd rhaid i mi _____

Byddaf yn defnyddio _____ i'm helpu

Yr ateb ydy _____

2. Amser cinio mae Jayani eisiau 8 o sglodion gyda'i bysedd pysgod ac mae Jack eisiau 9. Faint o sglodion sy'n rhaid i mam eu coginio i gyd?

Bydd rhaid i mi _____

Byddaf yn defnyddio _____ i'm helpu

Yr ateb ydy _____

3. Mae Dosbarth 3 wedi benthyg 26 llyfr o'r llyfrgell. Mae Dosbarth 4 wedi benthyg 10. Faint o lyfrau fydd yn rhaid iddyn nhw eu dychwelyd i'r llyfrgell?

Bydd rhaid i mi _____

Byddaf yn defnyddio _____ i'm helpu

Yr ateb ydy _____

4. Mae'r gellyg mae'n nhw'n eu gwerthu yn ffreutur yr ysgol 9 gram yn drymach na'r bananas. Os ydy banana yn pwyso 68 gram faint mae gellygen yn ei bwyso?

Bydd rhaid i mi _____

Byddaf yn defnyddio _____ i'm helpu

Yr ateb ydy _____

Gellir llungopïo'r dudalen hon gan y sefydliad sy'n prynu yn unig.

© Catherine Yemm

www.brilliantpublications.co.uk

Datrys Problemau Mathemateg – Blwyddyn 2   13

Gwers 1C

1. Mae gan Joshua 35c ac mae'n prynu llyfr am 11c. Faint o newid fydd e'n ei gael?

Bydd rhaid i mi _____

Byddaf yn defnyddio _____ i'm helpu

Yr ateb ydy _____

2. Amser cinio mae Jayani eisiau 13 o sglodion gyda'i bysedd pysgod ac mae Jack eisiau 12. Faint o sglodion sy'n rhaid i mam eu coginio i gyd?

Bydd rhaid i mi _____

Byddaf yn defnyddio _____ i'm helpu

Yr ateb ydy _____

3. Mae Dosbarth 3 wedi benthyg 26 llyfr o'r llyfrgell. Mae Dosbarth 4 wedi benthyg 20. Faint o lyfrau fydd yn rhaid iddyn nhw eu dychwelyd i'r llyfrgell?

Bydd rhaid i mi _____

Byddaf yn defnyddio _____ i'm helpu

Yr ateb ydy _____

4. Mae'r gellyg maen nhw'n eu gwerthu yn ffreutur yr ysgol 19 gram yn drymach na'r bananas. Os ydy banana yn pwyso 85 gram faint mae gellygen yn ei bwyso?

Bydd rhaid i mi _____

Byddaf yn defnyddio _____ i'm helpu

Yr ateb ydy _____

Gweithgaredd dosbarth cyfan

Mae gan Ramani dri darn 5 ceiniog yn ei chadw-mi-gei. Faint o arian sydd ganddi i gyd?

Mae 5 plentyn mewn rhes yn y swyddfa bost eisiau prynu stampiau ar gyfer eu llythyron. Mae pob plentyn am bostio 2 lythyr. Faint o stampiau fydd arnyn nhw angen eu prynu i gyd?

Mae Mrs Roberts yn mynd â'i phlant i brynu esgidiau newydd. Mae'n gadael y siop gyda 8 esgid. Faint o blant sydd gan Mrs Roberts?

Gellir llungopïo'r dudalen hon gan y sefydliad sy'n prynu yn unig.

www.brilliantpublications.co.uk

© Catherine Yemm   **Datrys Problemau Mathemateg – Blwyddyn 2**   15

Gwers 2a

1.   Mae Jason yn ateb cwestiynau ar hanes. Mae pob cwestiwn yn cymryd 2 funud iddo ei ateb. Mae ganddo 3 cwestiwn i'w hateb i gyd. Faint o amser fydd e'n ei gymryd?

Bydd rhaid i mi _____

Byddaf yn defnyddio _____ i'm helpu

Yr ateb ydy _____

2.   Mae Efa wedi bod yn cynilo ei harian poced i brynu pâr newydd o esgidiau glaw. Mae'n cael 3 punt yr wythnos. Faint fydd hi wedi'i gynilo ar ôl pythefnos?

Bydd rhaid i mi _____

Byddaf yn defnyddio _____ i'm helpu

Yr ateb ydy _____

3.   Mae batris yn robotiaid Jeevan wedi darfod. Mae arno angen 4 batri i bob un o'i robotiaid. Sawl batri fydd arno angen eu prynu os oes ganddo 2 robot?

Bydd rhaid i mi _____

Byddaf yn defnyddio _____ i'm helpu

Yr ateb ydy _____

4.   Mae Ben, Sara a Karl yn seiclo i'r ysgol. Faint o olwynion sydd ganddyn nhw gyda'i gilydd?

Bydd rhaid i mi _____

Byddaf yn defnyddio _____ i'm helpu

Yr ateb ydy _____

© Catherine Yemm

1.

Mae Jason yn ateb cwestiynau ar hanes. Mae pob cwestiwn yn cymryd 2 funud iddo ei ateb. Mae ganddo 5 cwestiwn i'w hateb i gyd. Faint o amser fydd e'n ei gymryd?

Bydd rhaid i mi _____

Byddaf yn defnyddio _____ i'm helpu

Yr ateb ydy _____

2.

Mae Efa wedi bod yn cynilo ei harian poced i brynu pâr newydd o esgidiau glaw. Mae'n cael 3 punt yr wythnos. Faint fydd hi wedi'i gynilo ar ôl 3 wythnos?

Bydd rhaid i mi _____

Byddaf yn defnyddio _____ i'm helpu

Yr ateb ydy _____

3.

Mae batris yn robotiaid Jeevan wedi darfod. Mae arno angen 4 batri i bob un o'i robotiaid. Sawl batri fydd arno angen eu prynu os oes ganddo 4 robot?

Bydd rhaid i mi _____

Byddaf yn defnyddio _____ i'm helpu

Yr ateb ydy _____

4.

Mae Ben, Sara a Karl a Sali yn seiclo i'r ysgol. Faint o olwynion sydd ganddyn nhw gyda'i gilydd?

Bydd rhaid i mi _____

Byddaf yn defnyddio _____ i'm helpu

Yr ateb ydy _____

Gwers 2C

1. Mae Jason yn ateb cwestiynau ar hanes. Mae pob cwestiwn yn cymryd 2 funud iddo ei ateb. Mae ganddo 7 cwestiwn i'w hateb i gyd. Faint o amser fydd e'n ei gymryd?

Bydd rhaid i mi _____

Byddaf yn defnyddio _____ i'm helpu

Yr ateb ydy _____

2. Mae Efa wedi bod yn cynilo ei harian poced i brynu pâr newydd o esgidiau glaw. Mae'n cael 3 punt yr wythnos. Faint fydd hi wedi'i gynilo ar ôl 5 wythnos?

Bydd rhaid i mi _____

Byddaf yn defnyddio _____ i'm helpu

Yr ateb ydy _____

3. Mae batris yn robotiaid Jeevan wedi darfod. Mae arno angen 4 batri i bob un o'i robotiaid. Sawl batri fydd arno angen eu prynu os oes ganddo 6 robot?

Bydd rhaid i mi _____

Byddaf yn defnyddio _____ i'm helpu

Yr ateb ydy _____

4. Mae Ben, Sara, Karl, Gita a Sali yn seiclo i'r ysgol. Faint o olwynion sydd ganddyn nhw gyda'i gilydd?

Bydd rhaid i mi _____

Byddaf yn defnyddio _____ i'm helpu

Yr ateb ydy _____

Datblygu ymresymu rhifyddol

Gweithgaredd dosbarth cyfan

Mae'r prisiau canlynol ar ddarnau o ffrwythau yn ffreutur yr ysgol: Banana – 6c, Afal – 4c, Eirin gwlanog – 3c. Mae Moli yn prynu un banana, un afal ac un eirin gwlanog. Faint o arian mae hi'n ei wario?

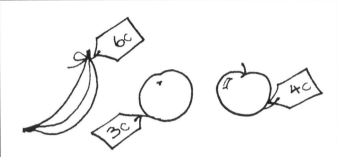

Mae ar Tom eisiau gwneud trac trên hir allan o'i ddarnau bychan o drac trên. Mae'r darnau bychan yn mesur 7cm a 6cm ac 8cm. Pa mor hir fydd trac Tom?

Mae Llio yn talu 15c am ei rôl ham yn ffreutur yr ysgol ond dim o darn 20c sydd ganddi. Faint o newid gaiff hi?

Gwers 3a

1. Mae Jamal yn hoffi darllen llyfrau. Mae'n treulio 4 awr yn darllen ar Ddydd Sadwrn a 3 awr yn darllen ar Ddydd Sul a 2 awr yn darllen ar Ddydd Llun. Sawl awr yr wythnos mae Jamal yn ei dreulio'n darllen?

Bydd rhaid i mi _____

Byddaf yn defnyddio _____ i'm helpu

Yr ateb ydy _____

2. Cafodd Peter £10 ar ei ben-blwydd gan ei nain a'i daid. Prynodd gwch hwylio am £2. Faint o arian sydd ganddo ar ôl?

Bydd rhaid i mi _____

Byddaf yn defnyddio _____ i'm helpu

Yr ateb ydy _____

3. Mae Tim a Simon yn chwarae cardiau. Mae 8 cerdyn mewn pecyn. Maen nhw'n cael hanner y pecyn yr un. Sawl cerdyn sydd gan bob un?

Bydd rhaid i mi _____

Byddaf yn defnyddio _____ i'm helpu

Yr ateb ydy _____

4. Mae Catrin a Bethan yn gwneud brechdanau. Mae Catrin yn gwneud 3 brechdan ham ac mae Bethan yn gwneud 4 brechdan gaws. Sawl brechdan sydd ganddyn nhw i gyd?

Bydd rhaid i mi _____

Byddaf yn defnyddio _____ i'm helpu

Yr ateb ydy _____

Gellir llungopïo'r dudalen hon gan y sefydliad sy'n prynu yn unig.

© Catherine Yemm

1. Mae Jamal yn hoffi darllen llyfrau. Mae'n treulio 5 awr yn darllen ar Ddydd Sadwrn a 6 awr yn darllen ar Ddydd Sul a 2 awr yn darllen ar Ddydd Llun. Sawl awr yr wythnos mae Jamal yn ei dreulio'n darllen?

Bydd rhaid i mi _____

Byddaf yn defnyddio _____ i'm helpu

Yr ateb ydy _____

2. Cafodd Peter £10 ar ei ben-blwydd gan ei nain a'i daid. Prynodd gwch hwylio am £4. Faint o arian sydd ganddo ar ôl?

Bydd rhaid i mi _____

Byddaf yn defnyddio _____ i'm helpu

Yr ateb ydy _____

3. Mae Tim a Simon yn chwarae cardiau. Mae 12 cerdyn mewn pecyn. Maen nhw'n cael hanner y pecyn yr un. Sawl cerdyn sydd gan bob un?

Bydd rhaid i mi _____

Byddaf yn defnyddio _____ i'm helpu

Yr ateb ydy _____

4. Mae Catrin a Bethan yn gwneud brechdanau. Mae Catrin yn gwneud 6 brechdan ham ac mae Bethan yn gwneud 7 brechdan gaws. Sawl brechdan sydd ganddyn nhw i gyd?

Bydd rhaid i mi _____

Byddaf yn defnyddio _____ i'm helpu

Yr ateb ydy _____

Gwers 3C

1. Mae Jamal yn hoffi darllen llyfrau. Mae'n treulio 5 awr yn darllen ar Ddydd Sadwrn a 6 awr yn darllen ar Ddydd Sul a 4 awr yn darllen ar Ddydd Llun. Sawl awr yr wythnos mae Jamal yn ei dreulio'n darllen?

Bydd rhaid i mi _____

Byddaf yn defnyddio _____ i'm helpu

Yr ateb ydy _____

2. Cafodd Peter £20 ar ei ben-blwydd gan ei nain a'i daid. Prynodd gwch hwylio am £7. Faint o arian sydd ganddo ar ôl?

Bydd rhaid i mi _____

Byddaf yn defnyddio _____ i'm helpu

Yr ateb ydy _____

3. Mae Tim a Simon yn chwarae cardiau. Mae 16 cerdyn mewn pecyn. Maen nhw'n cael hanner y pecyn yr un. Sawl cerdyn sydd gan bob un?

Bydd rhaid i mi _____

Byddaf yn defnyddio _____ i'm helpu

Yr ateb ydy _____

4. Mae Catrin a Bethan yn gwneud brechdanau. Mae Catrin yn gwneud 8 brechdan ham ac mae Bethan yn gwneud 7 brechdan gaws. Sawl brechdan sydd ganddyn nhw i gyd?

Bydd rhaid i mi _____

Byddaf yn defnyddio _____ i'm helpu

Yr ateb ydy _____

© Catherine Yemm

Gweithgaredd dosbarth cyfan

Mae losin yn y siop gornel yn costio 10 ceiniog yr un. Faint fyddai hi'n ei gostio i Macsen brynu 5 losin?

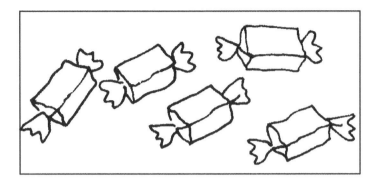

Mae gan Mrs Davies 10 pensil lliw. Mae'n eu rhoi ar y bwrdd i'r plant eu rhannu. Mae 5 plentyn yn eistedd wrth y bwrdd. Sawl pensil maen nhw'n ei gael yr un?

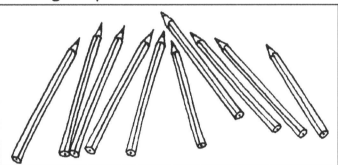

Mae Lewis yn rhannu balwnau yn ei barti pen-blwydd. Mae ganddo 9 balŵn a 3 ffrind. Mae'n meddwl y dylai roi 3 balŵn i bob ffrind. Sut all e wneud yn siwr bod hynny'n gywir?

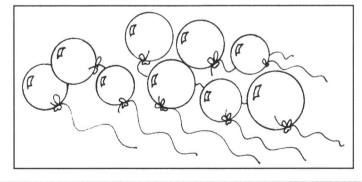

www.brilliantpublications.co.uk

Gwers 4a

1. Mae Mr James yn rhoi trefn ar y bagiau ffa ar gyfer diwrnod chwaraeon. Mae 4 plentyn yn rhedeg yn y ras nesaf a bydd gan bob un 2 fag ffa. Sawl bag ffa sydd ar Mr James angen eu cael yn barod?

    Bydd rhaid i mi _____

    Byddaf yn defnyddio _____ i'm helpu

    Yr ateb ydy _____

2. Mae Carys eisiau rhannu ei phaced o fisgedi gyda'i ffrindiau. Mae 8 bisged mewn paced ac mae ganddi 4 ffrind. Mae'n meddwl byddan nhw'n cael 2 fisged yr un. Sut allwn ni wneud yn siwr ei bod yn gywir?

    Bydd rhaid i mi _____

    Byddaf yn defnyddio _____ i'm helpu

    Yr ateb ydy _____

3. Mae Lisa wedi bod yn cynilo ei harian poced ers 6 wythnos. Mae'n cael £2 yr wythnos. Faint o arian sydd ganddi?

    Bydd rhaid i mi _____

    Byddaf yn defnyddio _____ i'm helpu

    Yr ateb ydy _____

4. Mae Siân yn mynd i chwarae pêl-rwyd ar y cwrt am 10 munud. Mae'n sgorio gôl bob 5 munud. Sawl gôl mae hi'n ei sgorio i gyd?

    Bydd rhaid i mi _____

    Byddaf yn defnyddio _____ i'm helpu

    Yr ateb ydy _____

1. Mae Mr James yn rhoi trefn ar y bagiau ffa ar gyfer diwrnod chwaraeon. Mae 4 plentyn yn rhedeg yn y ras nesaf a bydd gan bob un 3 bag ffa. Sawl bag ffa sydd ar Mr James angen eu cael yn barod?

Bydd rhaid i mi _____

Byddaf yn defnyddio _____ i'm helpu

Yr ateb ydy _____

2. Mae Carys eisiau rhannu ei phaced o fisgedi gyda'i ffrindiau. Mae 10 bisged mewn paced ac mae ganddi 5 ffrind. Mae'n meddwl byddan nhw'n cael 2 fisged yr un. Sut allwn ni wneud yn siwr ei bod yn gywir?

Bydd rhaid i mi _____

Byddaf yn defnyddio _____ i'm helpu

Yr ateb ydy _____

3. Mae Lisa wedi bod yn cynilo ei harian poced ers 10 wythnos. Mae'n cael £2 yr wythnos. Faint o arian sydd ganddi?

Bydd rhaid i mi _____

Byddaf yn defnyddio _____ i'm helpu

Yr ateb ydy _____

4. Mae Siân yn mynd i chwarae pêl-rwyd ar y cwrt am 20 munud. Mae'n sgorio gôl bob 10 munud. Sawl gôl mae hi'n ei sgorio i gyd?

Bydd rhaid i mi _____

Byddaf yn defnyddio _____ i'm helpu

Yr ateb ydy _____

Gellir llungopïo'r dudalen hon gan y sefydliad sy'n prynu yn unig.

© Catherine Yemm

www.brilliantpublications.co.uk

Datrys Problemau Mathemateg – Blwyddyn 2   25

Gwers 4c

1. Mae Mr James yn rhoi trefn ar y bagiau ffa ar gyfer diwrnod chwaraeon. Mae 5 plentyn yn rhedeg yn y ras nesaf a bydd gan bob un 3 bag ffa. Sawl bag ffa sydd ar Mr James angen eu cael yn barod?

Bydd rhaid i mi _____

Byddaf yn defnyddio _____ i'm helpu

Yr ateb ydy _____

2. Mae Carys eisiau rhannu ei phaced o fisgedi gyda'i ffrindiau. Mae 12 bisged mewn paced ac mae ganddi 6 ffrind. Mae'n meddwl byddan nhw'n cael 2 fisged yr un. Sut allwn ni wneud yn siwr ei bod yn gywir?

Bydd rhaid i mi _____

Byddaf yn defnyddio _____ i'm helpu

Yr ateb ydy _____

3. Mae Lisa wedi bod yn cynilo ei harian poced ers 10 wythnos. Mae'n cael £4 yr wythnos. Faint o arian sydd ganddi?

Bydd rhaid i mi _____

Byddaf yn defnyddio _____ i'm helpu

Yr ateb ydy _____

4. Mae Siân yn mynd i chwarae pêl-rwyd ar y cwrt am 20 munud. Mae'n sgorio gôl bob 2 funud. Sawl gôl mae hi'n ei sgorio i gyd?

Bydd rhaid i mi _____

Byddaf yn defnyddio _____ i'm helpu

Yr ateb ydy _____

Gweithgaredd dosbarth cyfan

Mae Leah yn chwarae gêm pario'r cardiau gyda'i ffrind Ffion. Mae 10 pâr o gardiau i gyd. Os oes gan Leah 3 pâr a Ffion 2 bâr sawl pâr sydd ar ôl i'w darganfod?

Mae Amal eisiau 18c i brynu tocyn bws i fynd adref. Mae ganddo 10c yn ei boced ac mae ei ffrind wedi cynnig benthyg 8c iddo. Oes ganddo ddigon o arian ar gyfer y daith adref?

Mae Dylan a Marc wedi bod yn ateb cwestiynau adio yn eu gwers rhifedd yn yr ysgol. Maen nhw'n meddwl eu bod wedi canfod yr ateb cywir i'r cwestiwn 12 + 7 ond dydyn nhw ddim yn siwr. Maen nhw'n meddwl mai 19 ydy'r ateb. Sut allan nhw wirio hyn? Allwch chi weld os ydyn nhw wedi cael yr ateb cywir?

© Catherine Yemm

www.brilliantpublications.co.uk

Gwers 5a

1. Sawl cadair sydd eu hangen yn y ffreutur os ydy 4 plentyn o ddosbarth 1, a 6 plentyn o ddosbarth 2, a 5 plentyn o ddosbarth 3 yn cael cinio?

Bydd rhaid i mi _____

Byddaf yn defnyddio _____ i'm helpu

Yr ateb ydy _____

2. Mae 11 plentyn yn mynd ar y bws ar ôl ysgol. All y gyrrwr bws ddim gadael nes bod y 15 plentyn ar y bws. Sawl plentyn sydd heb gyrraedd?

Bydd rhaid i mi _____

Byddaf yn defnyddio _____ i'm helpu

Yr ateb ydy _____

3. Ym Medi mae 14 o blant yn rhoi eu henwau ar restr gwersi nofio. Mae'r gwersi ar Ddydd Llun a Dydd Mawrth ar ôl ysgol. Mae 7 plentyn yn mynd i nofio ar Ddydd Llun. Faint sy'n mynd ar Ddydd Mawrth?

Bydd rhaid i mi _____

Byddaf yn defnyddio _____ i'm helpu

Yr ateb ydy _____

4. Mae yna 15 plentyn yn y dosbarth. Mae gan Mrs Huws yr athrawes 8 seren arian a 7 seren aur. Oes ganddi ddigon o sêr ar gyfer pawb yn ei dosbarth?

Bydd rhaid i mi _____

Byddaf yn defnyddio _____ i'm helpu

Yr ateb ydy _____

1. Sawl cadair sydd eu hangen yn y ffreutur os ydy 8 plentyn
    o ddosbarth 1, a 7 plentyn o ddosbarth 2, a 5 plentyn o
    ddosbarth 3 yn cael cinio?

    Bydd rhaid i mi _____

    Byddaf yn defnyddio _____ i'm helpu

    Yr ateb ydy _____

2. Mae 11 plentyn yn mynd ar y bws ar ôl ysgol. All y gyrrwr bws
    ddim gadael nes bod yr 19 plentyn ar y bws. Sawl plentyn sydd
    heb gyrraedd?

    Bydd rhaid i mi _____

    Byddaf yn defnyddio _____ i'm helpu

    Yr ateb ydy _____

3. Ym Medi mae 21 o blant yn rhoi eu henwau ar restr gwersi
    nofio. Mae'r gwersi ar Ddydd Llun a Dydd Mawrth ar ôl ysgol.
    Mae 14 plentyn yn mynd i nofio ar Ddydd
    Llun. Faint sy'n mynd ar Ddydd Mawrth?

    Bydd rhaid i mi _____

    Byddaf yn defnyddio _____ i'm helpu

    Yr ateb ydy _____

4. Mae yna 20 plentyn yn y dosbarth. Mae gan Mrs Huws yr
    athrawes 13 seren arian a 7 seren aur. Oes ganddi ddigon o sêr
    ar gyfer pawb yn ei dosbarth?

    Bydd rhaid i mi _____

    Byddaf yn defnyddio _____ i'm helpu

    Yr ateb ydy _____

Gellir llungopïo'r dudalen hon gan y sefydliad sy'n prynu yn unig.

© Catherine Yemm

www.brilliantpublications.co.uk

Datrys Problemau Mathemateg – Blwyddyn 2   29

Gwers 5c

1. Sawl cadair sydd eu hangen yn y ffreutur os ydy 10 plentyn o ddosbarth 1, a 6 plentyn o ddosbarth 2, a 5 plentyn o ddosbarth 3 yn cael cinio?

Bydd rhaid i mi _____

Byddaf yn defnyddio _____ i'm helpu

Yr ateb ydy _____

2. Mae 15 plentyn yn mynd ar y bws ar ôl ysgol. All y gyrrwr bws ddim gadael nes bod y 23 plentyn ar y bws. Sawl plentyn sydd heb gyrraedd?

Bydd rhaid i mi _____

Byddaf yn defnyddio _____ i'm helpu

Yr ateb ydy _____

3. Ym Medi mae 24 o blant yn rhoi eu henwau ar restr gwersi nofio. Mae'r gwersi ar Ddydd Llun a Dydd Mawrth ar ôl ysgol. Mae 9 plentyn yn mynd i nofio ar Ddydd Llun. Faint sy'n mynd ar Ddydd Mawrth?

Bydd rhaid i mi _____

Byddaf yn defnyddio _____ i'm helpu

Yr ateb ydy _____

4. Mae yna 25 plentyn yn y dosbarth. Mae gan Mrs Huws yr athrawes 18 seren arian a 7 seren aur. Oes ganddi ddigon o sêr ar gyfer pawb yn ei dosbarth?

Bydd rhaid i mi _____

Byddaf yn defnyddio _____ i'm helpu

Yr ateb ydy _____

Gweithgaredd dosbarth cyfan

Mae cadw-mi-gei Joseff yn llawn darnau 5c. Mae'n tynnu 6 darn allan. Faint o arian sydd ganddo yn ei law?

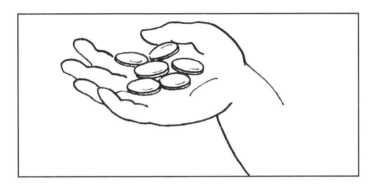

Mae Jac, Tomos a Lili yn y siop leol gyda'u tad. Mae eu tad yn dweud wrthyn nhw y gallan nhw gadw unrhyw newid mae'r gweithiwr siop yn ei roi iddo ond mae'n rhaid iddyn nhw ei rannu. Mae dad yn cael 12c o newid. Faint o arian mae pob plentyn yn ei gael?

Mae gan Sophie 3 paced o losin i'w rhannu gyda'i 5 ffrind yn ei pharti pen-blwydd. Mae 5 losin ym mhob paced. Sawl losin fydd pob un o'i ffrindiau yn ei gael?

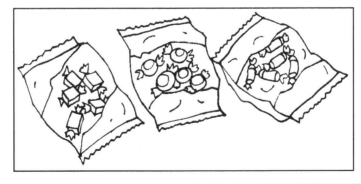

Gwers 6a

1. Mae Hywel a Lowri wedi bod yn casglu sbwriel oddi ar iard yr ysgol. Mae'r ddau yn cario 2 fag ym mhob llaw. Sawl bag o sbwriel maen nhw wedi'u casglu i gyd?

Bydd rhaid i mi _____

Byddaf yn defnyddio _____ i'm helpu

Yr ateb ydy _____

2. Mae Rupak yn mwynhau gwylio cartŵn ar y teledu gartref. Mae ymlaen unwaith yn y bore. Mae'n ei wylio bob diwrnod ysgol. Sawl gwaith yr wythnos mae e'n ei wylio?

Bydd rhaid i mi _____

Byddaf yn defnyddio _____ i'm helpu

Yr ateb ydy _____

3. Mae Ben a Sam yn cael £6 o arian poced yr un yr wythnos. Mae eu rhieni nawr yn penderfynu newid hyn. Mae tad Ben yn dyblu ei arian e ac mae tad Sam yn haneru ei arian e. Faint o arian poced maen nhw'n ei gael yr un nawr?

Bydd rhaid i mi _____

Byddaf yn defnyddio _____ i'm helpu

Yr ateb ydy _____

4. Mae Tomos a Hawys yn cadw pysgod. Mae gan Hawys 8 pysgodyn angel a 2 gypi. Mae gan Tomos hanner hyn o bysgod. Faint o bysgod sydd ganddyn nhw gyda'i gilydd?

Bydd rhaid i mi _____

Byddaf yn defnyddio _____ i'm helpu

Yr ateb ydy _____

© Catherine Yemm

1. Mae Hywel a Lowri wedi bod yn casglu sbwriel oddi ar iard yr ysgol. Mae'r ddau yn cario 3 bag ym mhob llaw. Sawl bag o sbwriel maen nhw wedi'u casglu i gyd?

Bydd rhaid i mi _____

Byddaf yn defnyddio _____ i'm helpu

Yr ateb ydy _____

2. Mae Rupak yn mwynhau gwylio cartŵn ar y teledu gartref. Mae ymlaen unwaith yn y bore ac unwaith gyda'r nos. Mae'n ei wylio yn y bore a gyda'r nos ar bob diwrnod ysgol. Sawl gwaith yr wythnos mae e'n ei wylio?

Bydd rhaid i mi _____

Byddaf yn defnyddio _____ i'm helpu

Yr ateb ydy _____

3. Mae Ben a Sam yn cael £10 o arian poced yr un yr wythnos. Mae eu rhieni nawr yn penderfynu newid hyn. Mae tad Ben yn dyblu ei arian e ac mae tad Sam yn haneru ei arian e. Faint o arian poced maen nhw'n ei gael yr un nawr?

Bydd rhaid i mi _____

Byddaf yn defnyddio _____ i'm helpu

Yr ateb ydy _____

4. Mae Tomos a Hawys yn cadw pysgod. Mae gan Hawys 4 pysgodyn angel a 10 gypi. Mae gan Tomos hanner hyn o bysgod. Faint o bysgod sydd ganddyn nhw gyda'i gilydd?

Bydd rhaid i mi _____

Byddaf yn defnyddio _____ i'm helpu

Yr ateb ydy _____

Gellir llungopïo'r dudalen hon gan y sefydliad sy'n prynu yn unig.

www.brilliantpublications.co.uk

© Catherine Yemm

Datrys Problemau Mathemateg – Blwyddyn 2   33

Gwers 6c

1. Mae Hywel a Lowri wedi bod yn casglu sbwriel oddi ar iard yr ysgol. Mae'r ddau yn cario 4 bag ym mhob llaw. Sawl bag o sbwriel maen nhw wedi'u casglu i gyd?

Bydd rhaid i mi _____

Byddaf yn defnyddio _____ i'm helpu

Yr ateb ydy _____

2. Mae Rupak yn mwynhau gwylio cartŵn ar y teledu gartref. Mae ymlaen unwaith yn y bore ac unwaith gyda'r nos. Mae'n ei wylio bob dydd yn y bore a gyda'r nos.
Sawl gwaith yr wythnos mae e'n ei wylio?

Bydd rhaid i mi _____

Byddaf yn defnyddio _____ i'm helpu

Yr ateb ydy _____

3. Mae Ben a Sam yn cael £14 o arian poced yr un yr wythnos. Mae eu rheini nawr yn penderfynu newid hyn. Mae tad Ben yn dyblu ei arian e ac mae tad Sam yn haneru ei arian e. Faint o arian poced maen nhw'n ei gael yr un nawr?

Bydd rhaid i mi _____

Byddaf yn defnyddio _____ i'm helpu

Yr ateb ydy _____

4. Mae Tomos a Hawys yn cadw pysgod. Mae gan Hawys 18 pysgodyn angel ac 12 gypi. Mae gan Tomos hanner hyn o bysgod. Faint o bysgod sydd ganddyn nhw gyda'i gilydd?

Bydd rhaid i mi _____

Byddaf yn defnyddio _____ i'm helpu

Yr ateb ydy _____

Gweithgaredd dosbarth cyfan

Mae gan octagon fwy o ochrau na phentagon.

Cywir

Anghywir

Pa siâp 3D sydd â dau wyneb crwn: côn, ciwboid, silindr, sffêr neu driogl?

Pa un sydd â'r mwyaf o linellau cymesuredd: sgwâr neu betryal?

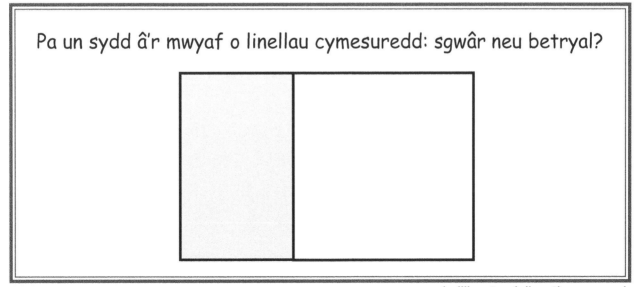

Gellir llungopïo'r dudalen hon gan y sefydliad sy'n prynu yn unig.

www.brilliantpublications.co.uk

© Catherine Yemm   **Datrys Problemau Mathemateg – Blwyddyn 2**   35

Gwers 1a

1. Enwch siâp 3D sydd ag wynebau siâp sgwâr.

2. Mae gan giwb yr un nifer o gorneli â chiwboid.

Cywir

Anghywir

3. Pa siâp 2D sydd â 3 cornel?

4. Enwch siâp 2D sydd ag 1 llinell cymesuredd.

Gwers
1b

1.

Enwch siâp 3D sydd ag wynebau siâp petryal.

2.

Mae gan byramid lai o gorneli na chiwb.

Cywir

Anghywir

3.

Pa siâp 2D sydd â 5 cornel?

4.

Enwch siâp 2D sydd â 2 linell cymesuredd.

www.brilliantpublications.co.uk

Gwers 1C

1. Enwch siâp 3D sydd ag wynebau siâp triongl.

2. Mae gan byramid lai o gorneli na chiwboid.

Cywir

Anghywir

3. Pa siâp 2D sydd â 6 cornel?

4. Enwch siâp 2D sydd â 4 llinell cymesuredd.

Gweithgaredd dosbarth cyfan

Mae 4 ffordd o wneud 15. Dangoswch nhw yma.

Defnyddiwch 2, 7 a 3 ac + a – a =

Gwnewch 4 ateb gwahanol.

Mae yna 5 rhif sy'n llai na 10 sydd yn nhabl 2.

Cywir

Anghywir

Gwers
2a

1.

Pa rif sydd ar goll isod?

10 - * = 7

2.

Mae mwy na 2 ffordd o wneud 20. Dangoswch nhw yma.

3.

Defnyddiwch   2, 3, 4, +, – a =

Gwnewch 4 ateb gwahanol.

4.

Esboniwch sut mae 10 + 11 yn gwneud 21.

www.brilliantpublications.co.uk   *Gellir llungopïo'r dudalen hon gan y sefydliad sy'n prynu yn unig.*
Datrys Problemau Mathemateg – Blwyddyn 2

1.

Pa rif sydd ar goll isod?

16   –   *   =   11

2.

Mae mwy na 4 ffordd o wneud 20. Dangoswch nhw yma.

3.

Defnyddiwch   2, 3, 8, +, – a =

Gwnewch 4 ateb gwahanol.

4.

Esboniwch sut mae 20 + 11 yn gwneud 31.

Gwers 2C

1. Pa rif sydd ar goll isod?

   26 – * = 11

2. Mae mwy na 6 ffordd o wneud 20. Dangoswch nhw yma.

3. Defnyddiwch **12, 3, 8, +, – a =**

   Gwnewch 4 ateb gwahanol.

4. Esboniwch sut mae 20 + 21 yn gwneud 41.

Gweithgaredd dosbarth cyfan

Gwnewch lun o siâp gyda phedair ochr.

Mae gan giwb fwy o wynebau sgwâr na chiwboid.

Cywir

Anghywir

Gwnewch batrwm gan ddefnyddio 3 siâp. Ailadroddwch e 3 gwaith.

Gwers 3a

1. Gwnewch linellau cymesuredd ar y siâp hwn.

   Faint sydd ganddo?

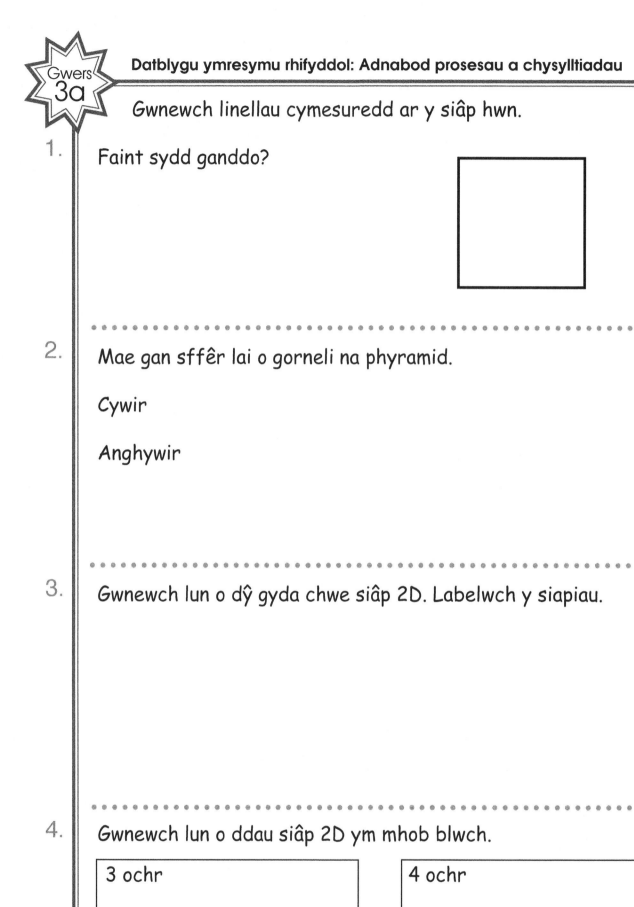

2. Mae gan sffêr lai o gorneli na phyramid.

   Cywir

   Anghywir

3. Gwnewch lun o dŷ gyda chwe siâp 2D. Labelwch y siapiau.

4. Gwnewch lun o ddau siâp 2D ym mhob blwch.

3 ochr	4 ochr

www.brilliantpublications.co.uk  Gellir llungopïo'r dudalen hon gan y sefydliad sy'n prynu yn unig.

44   **Datrys Problemau Mathemateg – Blwyddyn 2**   © Catherine Yemm

1. Gwnewch linellau cymesuredd ar y siapiau hyn. Pa un sydd â'r mwyaf o linellau?

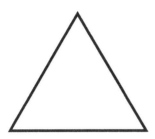
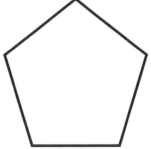

2. Mae gan giwb yr un nifer o gorneli â chiwboid.

Cywir

Anghywir

3. Gwnewch lun o dŷ gyda wyth siâp 2D. Labelwch y siapiau.

4. Gwnewch lun o ddau siâp 2D ym mhob blwch.

4 ochr	5 ochr

Gellir llungopïo'r dudalen hon gan y sefydliad sy'n prynu yn unig.

© Catherine Yemm

www.brilliantpublications.co.uk

Datrys Problemau Mathemateg – Blwyddyn 2   45

Gwers 3C

1. Gwnewch linellau cymesuredd ar y siapiau hyn. Pa un sydd â'r mwyaf o linellau?

2. Mae gan brism triongl lai o gorneli na chiwboid.

Cywir

Anghywir

3. Gwnewch lun o dŷ gyda deg siâp 2D. Labelwch y siapiau.

4. Gwnewch lun o ddau siâp 2D ym mhob blwch.

6 ochr	4 ochr

© Catherine Yemm

Gweithgaredd dosbarth cyfan

Mae'r rhifau sydd yn nhabl 2 yn eilrifau.

Cywir

Anghywir

Dw i'n gallu cael 6 drwy adio 5 ac yna 1.

Pa dri rhif alla i eu hadio i wneud 14?

Gellir llungopio'r dudalen hon gan y sefydliad sy'n prynu yn unig.

www.brilliantpublications.co.uk

© Catherine Yemm

Datrys Problemau Mathemateg – Blwyddyn 2   47

Gwers
4a

1. Sut allwch chi roi trefn ar y ceiniogau hyn fel bod yr un faint o geiniogau ym mhob pwrs?

2. Mae 4 rhif rhwng 2 ac 12 sydd yn nhabl 2.

Cywir

Anghywir

3. Esboniwch sut mae 7 + 8 yn gwneud 15.

4. Os ydy rhif yn eilrif yna mae yn nhabl 2.

Cywir

Anghywir

© Catherine Yemm

1. Sut allwch chi roi trefn ar y ceiniogau hyn fel bod yr un faint o geiniogau ym mhob pwrs?

2. Mae 4 rhif rhwng 4 a 21 sydd yn nhabl 5.

   Cywir

   Anghywir

3. Esboniwch sut mae 17 + 8 yn gwneud 25.

4. Os ydy rhif yn gorffen gyda 5 yna mae yn nhabl 5.

   Cywir

   Anghywir

Gellir llungopïo'r dudalen hon gan y sefydliad sy'n prynu yn unig.

© Catherine Yemm

www.brilliantpublications.co.uk

Datrys Problemau Mathemateg – Blwyddyn 2   49

Gwers 4C

1. Sut allwch chi roi trefn ar y ceiniogau hyn fel bod yr un faint o geiniogau ym mhob pwrs?

2. Mae 5 rhif rhwng 18 a 42 sydd yn nhabl 5.

Cywir

Anghywir

3. Esboniwch sut mae 27 + 8 yn gwneud 35.

4. Os ydy rhif yn gorffen gyda 0 yna mae yn nhabl 5 ac yn nhabl 10.

Cywir

Anghywir

© Catherine Yemm

Gweithgaredd dosbarth cyfan

Sawl sgwâr sydd ei angen i wneud y llythyren T?

Mae gan silindr lai o gorneli na phrism triongl.

Cywir

Anghywir

Pa un sydd â'r mwyaf o linellau cymesuredd – sgwâr neu betryal?

Gwers 5a

1. Mae gan byramid fwy o wynebau na silindr.

Cywir

Anghywir

2. Beth sydd ar goll o'r patrwm hwn?

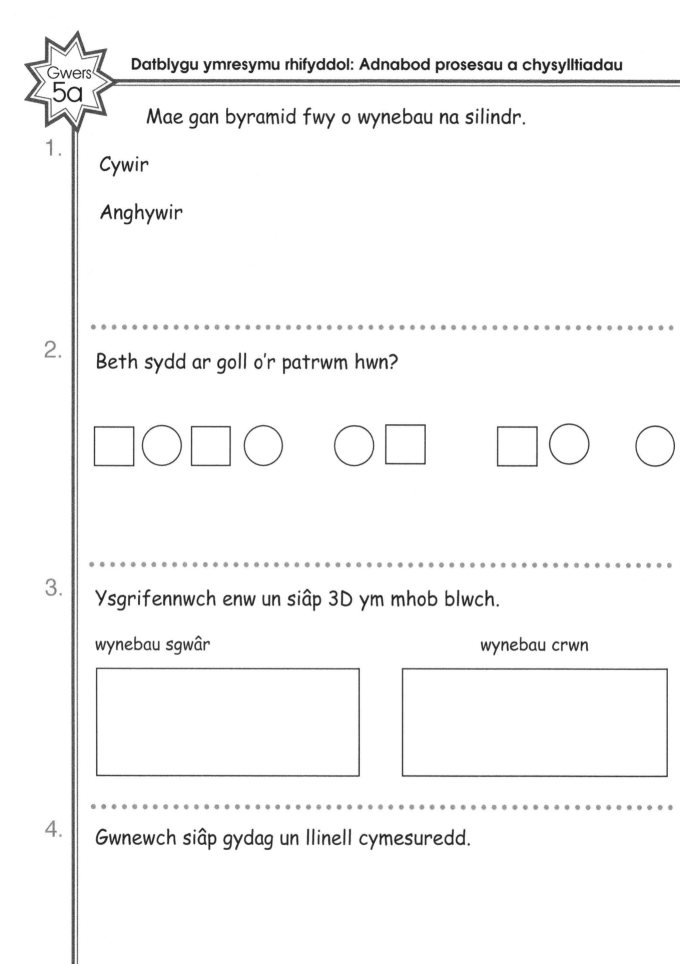

3. Ysgrifennwch enw un siâp 3D ym mhob blwch.

wynebau sgwâr   wynebau crwn

4. Gwnewch siâp gydag un llinell cymesuredd.

1. Mae gan giwboid fwy o wynebau na phyramid.

   Cywir

   Anghywir

2. Beth sydd ar goll o'r patrwm hwn?

3. Ysgrifennwch enw dau siâp 3D ym mhob blwch.

   wynebau sgwâr

   wynebau crwn

4. Gwnewch siâp gyda dwy linell cymesuredd.

Gellir llungopio'r dudalen hon gan y sefydliad sy'n prynu yn unig.

www.brilliantpublications.co.uk

© Catherine Yemm

Datrys Problemau Mathemateg – Blwyddyn 2   53

Gwers 5c

Mae gan brism triongl fwy o wynebau na phyramid.

1. Cywir

   Anghywir

2. Beth sydd ar goll o'r patrwm hwn?

3. Ysgrifennwch enw dri siâp 3D ym mhob blwch.

   wynebau sgwâr   wynebau crwn

4. Gwnewch siâp gyda phedair llinell cymesuredd.

www.brilliantpublications.co.uk   Gellir llungopio'r dudalen hon gan y sefydliad sy'n prynu yn unig.

54   **Datrys Problemau Mathemateg – Blwyddyn 2**   © Catherine Yemm

Gweithgaredd dosbarth cyfan

Mae'r atebion yn nhabl 5 i gyd yn odrifau.

Cywir

Anghywir

Dw i'n gallu cael 17 drwy adio 10 a 7.

Pa 4 rhif alla i eu hadio i wneud 16?

Gwers
6a

1. Rhowch y rhifau 5, 3, 5, 8, 1, a 4 yn y sgwariau fel bod y rhif sydd ar y top yn gyfanswm y rhifau sydd ar y gwaelod pan rydych yn eu hadio.

2. Trefnwch y cownteri hyn i grwpiau fel bod yna odrif ym mhob grŵp.

3. Beth alla i ei adio at 3 i wneud 10?

4. Mae'r atebion yn nhabl 2 yn eilrifau.

Cywir

Anghywir

www.brilliantpublications.co.uk   Gellir llungopïo'r dudalen hon gan y sefydliad sy'n prynu yn unig.

56   **Datrys Problemau Mathemateg – Blwyddyn 2**   © Catherine Yemm

1.

Rhowch y rhifau 10, 7, 2, 6, 5, a 4 yn y sgwariau fel bod y rhif sydd ar y top yn gyfanswm y rhifau sydd ar y gwaelod pan rydych yn eu hadio.

2.

Trefnwch y cownteri hyn i grwpiau fel bod yna odrif ym mhob grŵp.

3.

Beth alla i ei adio at 12 i wneud 20?

4.

Mae'r atebion yn nhabl 10 yn eilrifau.

Cywir

Anghywir

Gwers 6C

1.
Rhowch y rhifau 7, 14, 8, 15, 6, a 20 yn y sgwariau fel bod y rhif sydd ar y top yn gyfanswm y rhifau sydd ar y gwaelod pan rydych yn eu hadio.

2.
Trefnwch y cownteri hyn i grwpiau fel bod yna odrif ym mhob grŵp.

3.
Beth alla i ei adio at 12 i wneud 30?

4.
Mae'r atebion yn nhabl 5 yn eilrifau ac yn odrifau.

Cywir

Anghywir

Datrys Problemau Mathemateg – Blwyddyn 2 © Catherine Yemm

Gweithgaredd dosbarth cyfan

Mae Caio yn hoffi bwyta resins? Mae'n cael 8 yn ystod yr egwyl bore a 15 yn ystod yr egwyl prynhawn. Faint mae'n ei fwyta yn yr ysgol i gyd?

Roedd 14 cacen siocled cresionllyd ar y stondin gacennau yn ffair yr ysgol. Erbyn diwedd y prynhawn roedd 8 wedi'u gwerthu. Faint oedd ar ôl?

Mae nain Zoe yn dod i aros yn ystod gwyliau hanner tymor ac mae'n dod ar y trên. Mae Zoe yn aros amdani ar y platfform. Mae'r trên i fod i gyrraedd mewn 10 munud ond mae'n mynd i fod 10 munud yn hwyr.
Pa mor hir fydd rhaid i Zoe aros?

© Catherine Yemm
www.brilliantpublications.co.uk

Gwers 1a

Bydd Claire yn chwech oed tro nesaf. Mae ei chwaer Emma ddwywaith ei hoed. Faint ydy oed Emma?

1.

2. Mae Dosbarth 2 ar drip ysgol ac yn cael hufen iâ bob un. Mae 12 o blant yn y dosbarth. Mae Mrs Gates, yr athrawes, yn ceisio cario 12 hufen iâ ar yr un pryd ond mae'n gollwng 7 ar y llawr. Faint o blant sy'n gallu cael hufen iâ yn syth?

3. Mae Mr Bane, yr athro chwaraeon, yn ceisio trefnu'r rhaff bydd y plant yn ei defnyddio ar gyfer y gystadleuaeth tynnu rhaff ar ddiwrnod chwaraeon. Mae'r rhaff sydd ganddo yn 15 metr o hyd ond dim ond 7 metr sydd ei angen. Faint sy'n rhaid i Mr Bane ei dorri?

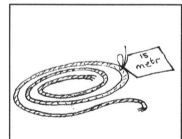

4. Mae Rachel a Robert yn efeilliaid. Mae eu nain yn gweu siaced yr un iddyn nhw. Bydd arni angen 6 botwm ar gyfer siaced Rachel. Bydd arni angen 8 botwm ar gyfer siaced Robert. Faint o fotymau fydd ar nain eu hangen i orffen y siacedi?

© Catherine Yemm

1.

Bydd Claire yn 9 oed tro nesaf. Mae ei chwaer Emma ddwy waith ei hoed. Faint ydy oed Emma?

2.

Mae Dosbarth 2 ar drip ysgol ac yn cael hufen iâ bob un. Mae 15 o blant yn y dosbarth. Mae Mrs Gates, yr athrawes, yn ceisio cario 15 hufen iâ ar yr un pryd ond mae'n gollwng 7 ar y llawr. Faint o blant sy'n gallu cael hufen iâ yn syth?

3.

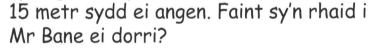

Mae Mr Bane, yr athro chwaraeon, yn ceisio trefnu'r rhaff bydd y plant yn ei defnyddio ar gyfer y gystadleuaeth tynnu rhaff ar ddiwrnod chwaraeon. Mae'r rhaff sydd ganddo yn 22 metr o hyd ond dim ond 15 metr sydd ei angen. Faint sy'n rhaid i Mr Bane ei dorri?

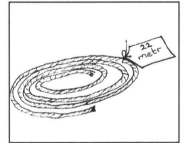

4.

Mae Rachel a Robert yn efeilliaid. Mae eu nain yn gweu siaced yr un iddyn nhw. Bydd arni angen 7 botwm ar gyfer siaced Rachel. Bydd arni angen 11 botwm ar gyfer siaced Robert. Faint o fotymau fydd ar nain eu hangen i orffen y siacedi?

1. Bydd Claire yn 12 oed tro nesaf. Mae ei chwaer Emma ddwy waith ei hoed. Faint ydy oed Emma?

2. Mae Dosbarth 2 ar drip ysgol ac yn cael hufen iâ bob un. Mae 20 o blant yn y dosbarth. Mae Mrs Gates, yr athrawes, yn ceisio cario 20 hufen iâ ar yr un pryd ond mae'n gollwng 7 ar y llawr. Faint o blant sy'n gallu cael hufen iâ yn syth?

3. Mae Mr Bane, yr athro chwaraeon, yn ceisio trefnu'r rhaff bydd y plant yn ei defnyddio ar gyfer y gystadleuaeth tynnu rhaff ar ddiwrnod chwaraeon. Mae'r rhaff sydd ganddo yn 26 metr o hyd ond dim ond 18 metr sydd ei angen. Faint sy'n rhaid i Mr Bane ei dorri?

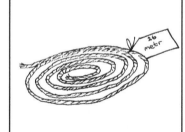

4. Mae Rachel a Robert yn efeilliaid. Mae eu nain yn gweu siaced yr un iddyn nhw. Bydd arni angen 11 botwm ar gyfer siaced Rachel. Bydd arni angen 13 botwm ar gyfer siaced Robert. Faint o fotymau fydd ar nain eu hangen i orffen y siacedi?

Gwers
2

Gweithgaredd dosbarth cyfan

Mae Grace a Milly yn helpu i roi trefn ar lyfrgell y dosbarth. Mae angen iddyn nhw roi 5 llyfr ym mhob blwch. Mae ganddyn nhw 5 blwch i'w llenwi. Faint o lyfrau fyddan nhw eu hangen?

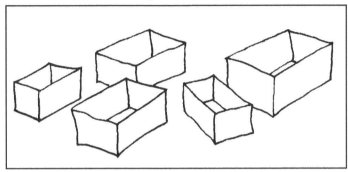

Yn y blwch dillad coll mae 18 hosan. Os ydyn ni'n eu rhoi mewn parau faint o blant fydd yn gallu benthyg pâr o sanau?

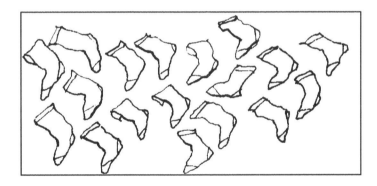

Mae'n cymryd 4 munud i Ioan fwyta ei rawnfwyd, 4 munud i fwyta ei dôst a 4 munud i yfed ei sudd oren. Faint o amser mae'n ei gymryd i orffen ei frecwast?

Gwers 2a

1. Mae Jamie a'i dad yn ceisio llenwi'r pwll nofio gyda dŵr. Mae'r bwced maen nhw'n ei defnyddio yn dal 10 litr o ddŵr. Maen nhw'n defnyddio 3 bwced o ddŵr i lenwi'r pwll. Faint o ddŵr mae'r pwll yn ei ddal?

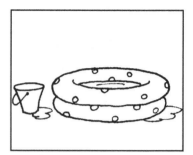

2. Mae Miss Lewis, yr athrawes, wedi gofyn i Tomi a Dan i roi sisyrnau i'r plant yn y dosbarth. Mae 4 bwrdd yn y dosbarth ac mae 8 siswrn yn y dosbarth. Sawl siswrn fyddan nhw'n eu rhoi ar bob bwrdd?

3. Mae Lisa wedi mynd i'r siop i brynu llaeth i'w mam. Mae ei mam wedi rhoi 5 darn o arian iddi sydd yn werth 2c yr un. Mae'r llaeth yn costio 9c. Fydd gan Lisa ddigon o arian?

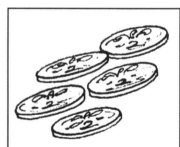

4. Mae Tim a Tomos yn chwarae ar gêm gyfrifiadur. Maen nhw ar yr un tîm ac maen nhw wedi cael yr un nifer o bwyntiau. Mae eu tîm ar dop y bwrdd sgorio gyda 10 pwynt. Faint o bwyntiau wnaeth y bechgyn eu cael yr un?

1. Mae Jamie a'i dad yn ceisio llenwi'r pwll nofio gyda dŵr. Mae'r bwced maen nhw'n ei defnyddio yn dal 10 litr o ddŵr. Maen nhw'n defnyddio 6 bwced o ddŵr i lenwi'r pwll. Faint o ddŵr mae'r pwll yn ei ddal?

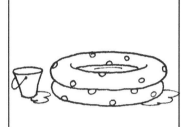

2. Mae Miss Lewis, yr athrawes, wedi gofyn i Tomi a Dan i roi sisyrnau i'r plant yn y dosbarth. Mae 4 bwrdd yn y dosbarth ac mae 12 siswrn yn y dosbarth. Sawl siswrn fyddan nhw'n eu rhoi ar bob bwrdd?

3. Mae Lisa wedi mynd i'r siop i brynu llaeth i'w mam. Mae ei mam wedi rhoi 7 darn o arian iddi sydd yn werth 2c yr un. Mae'r llaeth yn costio 12c. Fydd gan Lisa ddigon o arian?

4. Mae Tim a Tomos yn chwarae ar gêm gyfrifiadur. Maen nhw ar yr un tîm ac maen nhw wedi cael yr un nifer o bwyntiau. Mae eu tîm ar dop y bwrdd sgorio gyda 20 pwynt. Faint o bwyntiau wnaeth y bechgyn eu cael yr un?

Gwers
2C

1. Mae Jamie a'i dad yn ceisio llenwi'r pwll nofio gyda dŵr. Mae'r bwced maen nhw'n ei defnyddio yn dal 10 litr o ddŵr. Maen nhw'n defnyddio 9 bwced o ddŵr i lenwi'r pwll. Faint o ddŵr mae'r pwll yn ei ddal?

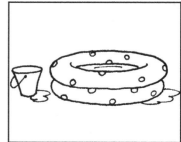

2. Mae Miss Lewis, yr athrawes, wedi gofyn i Tomi a Dan i roi sisyrnau i'r plant yn y dosbarth. Mae 4 bwrdd yn y dosbarth ac mae 16 siswrn yn y dosbarth. Sawl siswrn fyddan nhw'n eu rhoi ar bob bwrdd?

3. Mae Lisa wedi mynd i'r siop i brynu llaeth i'w mam. Mae ei mam wedi rhoi 9 darn o arian iddi sydd yn werth 2c yr un. Mae'r llaeth yn costio 17c. Fydd gan Lisa ddigon o arian?

4. Mae Tim a Tomos yn chwarae ar gêm gyfrifiadur. Maen nhw ar yr un tîm ac maen nhw wedi cael yr un nifer o bwyntiau. Mae eu tîm ar dop y bwrdd sgorio gyda 30 pwynt. Faint o bwyntiau wnaeth y bechgyn eu cael yr un?

© Catherine Yemm

Gweithgaredd dosbarth cyfan

Mae Lucy a Macsen yn gwneud pôs ac eisiau i chi eu helpu i'w ddatrys. Dyma'r pôs: dw i'n meddwl am rif ac yn ei haneru. Yr ateb ydy 11. Beth oedd fy rhif?

Ddydd Mercher roedd y tymheredd ar iard yr ysgol amser egwyl y bore yn 23 gradd Celsiws. Bore Dydd Mawrth roedd yn 9 gradd yn is. Beth oedd y tymheredd Dydd Mawrth?

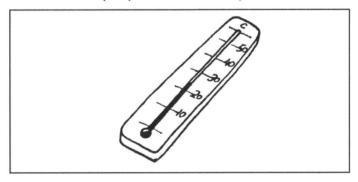

Mae Bili yn ennill 80 ceiniog am rownd bapur newydd ar fore Sadwrn. Wrth gerdded adref mae'n gollwng 20 ceiniog ar y llawr ac mae'n rowlio i ffwrdd. Faint o arian sydd ganddo ar ôl?

Gwers 3a

1. Mae mam Zac a mam Anest wedi gwneud teisennau ar gyfer y gystadleuaeth 'Dyfalwch bwysau'r deisen' yn yr ysgol. Mae un deisen yn pwyso 2kg ac mae'r deisen arall yn pwyso 4kg. Faint fydden nhw'n eu pwyso gyda'i gilydd?

2. Mae potel o sudd yn dal 300 mililitr o sudd. Mae Bedwyr yn tywallt 100 mililitr o sudd i'w gwpan. Faint o sudd sydd ar ôl yn y botel?

3. Ar ôl ysgol Ddydd Mercher mae merched Blwyddyn 5 yn cael gêm bêl-rwyd. Fe sgorion nhw 8 gôl yn yr hanner cyntaf a 4 gôl yn yr ail hanner. Beth oedd eu sgôr ar ddiwedd y gêm?

4. Fel arfer gall bws yr ysgol gario 15 plentyn ond mae 5 o'r seddi yn wlyb gan eu bod wedi cael eu golchi. Sawl sedd sych sydd ar y bws?

1. Mae mam Zac a mam Anest wedi gwneud teisennau ar gyfer y gystadleuaeth 'Dyfalwch bwysau'r deisen' yn yr ysgol. Mae un deisen yn pwyso 5kg ac mae'r deisen arall yn pwyso 2kg. Faint fydden nhw'n eu pwyso gyda'i gilydd?

2. Mae potel o sudd yn dal 500 mililitr o sudd. Mae Bedwyr yn tywallt 300 mililitr o sudd i'w gwpan. Faint o sudd sydd ar ôl yn y botel?

3. Ar ôl ysgol Ddydd Mercher mae merched Blwyddyn 5 yn cael gêm bêl-rwyd. Fe sgorion nhw 12 gôl yn yr hanner cyntaf a 6 gôl yn yr ail hanner. Beth oedd eu sgôr ar ddiwedd y gêm?

4. Fel arfer gall bws yr ysgol gario 25 plentyn ond mae 5 o'r seddi yn wlyb gan eu bod wedi cael eu golchi. Sawl sedd sych sydd ar y bws?

© Catherine Yemm

www.brilliantpublications.co.uk

Datrys Problemau Mathemateg – Blwyddyn

Gwers 3C

1. Mae mam Zac a mam Anest wedi gwneud teisennau ar gyfer y gystadleuaeth 'Dyfalwch bwysau'r deisen' yn yr ysgol. Mae un deisen yn pwyso 9kg ac mae'r deisen arall yn pwyso 6kg. Faint fydden nhw'n eu pwyso gyda'i gilydd?

2. Mae potel o sudd yn dal 1000 mililitr o sudd. Mae Bedwyr yn tywallt 300 mililitr o sudd i'w gwpan. Faint o sudd sydd ar ôl yn y botel?

3. Ar ôl ysgol Ddydd Mercher mae merched Blwyddyn 5 yn cael gêm bêl-rwyd. Fe sgorion nhw 16 gôl yn yr hanner cyntaf a 9 gôl yn yr ail hanner. Beth oedd eu sgôr ar ddiwedd y gêm?

4. Fel arfer gall bws yr ysgol gario 30 plentyn ond mae 5 o'r seddi yn wlyb gan eu bod wedi cael eu golchi. Sawl sedd sych sydd ar y bws?

Gweithgaredd dosbarth cyfan

Mae Jacob wedi cael £20 ar ei ben-blwydd gan ei deulu a'i ffrindiau. Mae'r arian i gyd mewn papurau £5. Sawl papur £5 sydd ganddo?

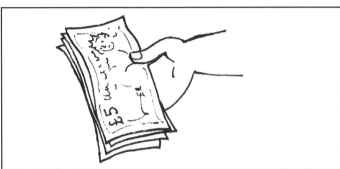

Mae'n cymryd 4 munud i Mrs Lloyd farcio pob llyfr gwyddoniaeth ar ddiwedd y wers. Faint o amser fydd hi'n ei gymryd i farcio 8 llyfr?

Mae Shani wedi dod â'i bochdew i'r ysgol i ddangos i'r plant. Mae'r plant i gyd eisiau ei ddal. Bydd y gloch yn canu mewn 10 munud ac mae 5 o blant eisiau ei ddal. Am faint o amser all pob un ohonyn nhw ei ddal?

Gwers 4a

1. Mae Sara yn ysgrifennu llythyron 'diolch' i'w ffrindiau i ddiolch am ei anrhegion pen-blwydd. Mae'n cymryd 3 munud iddi ysgrifennu un cerdyn. Sawl munud fydd hi'n ei gymryd i ysgrifennu 5 cerdyn?

2. Mae Bina yn plannu tiwlipau mewn potiau yn ei gardd gefn. Mae ganddi 9 tiwlip a 3 potyn. Faint fydd arni angen eu rhoi ym mhob potyn fel bod gan y potiau yr un faint o diwlipau?

3. Mae 20 grawnwin gwyrdd ar un sypyn. Mae 10 plentyn yn mynd i rannu'r grawnwin. Faint o rawnwin fydd i bob plentyn?

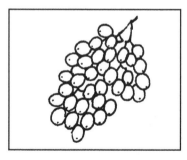

4. Yn eu gwers gelf mae plant Dosbarth 2 wedi bod yn gwneud olion dwylo. Defnyddiodd eu hathro 5 ôl llaw i wneud arddangosfa. Faint o fysedd sydd yn yr arddangosfa?

72 **Datrys Problemau Mathemateg – Blwyddyn 2** © Catherine Yemm

1.

Mae Sara yn ysgrifennu llythyron 'diolch' i'w ffrindiau i ddiolch am ei anrhegion pen-blwydd. Mae'n cymryd 3 munud iddi ysgrifennu un cerdyn. Sawl munud fydd hi'n ei gymryd i ysgrifennu 7 cerdyn?

2.

Mae Bina yn plannu tiwlipau mewn potiau yn ei gardd gefn. Mae ganddi 12 tiwlip a 3 potyn. Faint fydd arni angen eu rhoi ym mhob potyn fel bod gan y potiau yr un faint o diwlipau?

3.

Mae 30 grawnwin gwyrdd ar un sypyn. Mae 10 plentyn yn mynd i rannu'r grawnwin. Faint o rawnwin fydd i bob plentyn?

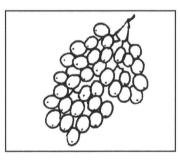

4.

Yn eu gwers Gelf mae plant Dosbarth 2 wedi bod yn gwneud olion dwylo. Defnyddiodd eu hathro 7 ôl llaw i wneud arddangosfa. Faint o fysedd sydd yn yr arddangosfa?

Gwers 4c

1. Mae Sara yn ysgrifennu llythyron 'diolch' i'w ffrindiau i ddiolch am ei anrhegion pen-blwydd. Mae'n cymryd 3 munud iddi ysgrifennu un cerdyn. Sawl munud fydd hi'n ei gymryd i ysgrifennu 9 cerdyn?

2. Mae Bina yn plannu tiwlipau mewn potiau yn ei gardd gefn. Mae ganddi 18 tiwlip a 3 potyn. Faint fydd arni angen eu rhoi ym mhob potyn fel bod gan y potiau yr un faint o diwlipau?

3. Mae 40 grawnwin gwyrdd ar un sypyn. Mae 10 plentyn yn mynd i rannu'r grawnwin. Faint o rawnwin fydd i bob plentyn?

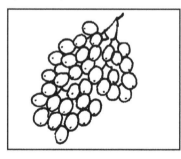

4. Yn eu gwers Gelf mae plant Dosbarth 2 wedi bod yn gwneud olion dwylo. Defnyddiodd eu hathro 9 ôl llaw i wneud arddangosfa. Faint o fysedd sydd yn yr arddangosfa?

Datrys Problemau Mathemateg – Blwyddyn 2 © Catherine Yemm

Gweithgaredd dosbarth cyfan

Ym mharti pen-blwydd Kate mae 22 o greision ar ôl ar y plât. Mae Steffan yn cymryd 8 ac yna Lona yn cymryd 6. Sawl creision sydd ar ôl?

Mae mam Stephanie wedi dod â'i brawd bach newydd i'r ysgol i ddangos i'r dosbarth. Mae 3 bachgen a 5 merch yn y dosbarth. Bydd y gloch yn canu mewn 24 munud ac mae pob un ohonyn nhw eisiau ei ddal. Am faint gall pob un ohonyn nhw ddal y babi?

Mae Deio a Morgan wedi gwneud ceir gyda Lego®. Mae Deio yn defnyddio 10 bricsen las i wneud ei gar. Mae Morgan yn defnyddio 8 bricsen las a 7 bricsen werdd. Sawl bricsen yn fwy na Deio wnaeth Morgan eu defnyddio?

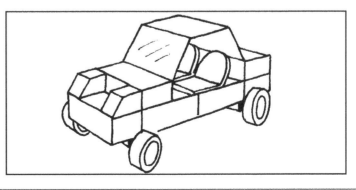

Gwers
5a

1. Fore Sadwrn cyrhaeddodd 6 pâr o famau a thadau yr ysgol i helpu peintio ffens yr ysgol. Faint o bobl oedd yn peintio i gyd?

2. Tyfodd blodyn yr haul Siân 12 centimetr o uchder ym mis Mai ac yna 8 centimetr arall ym mis Mehefin. Ym mis Gorffennaf fe dorrodd top y blodyn a disgynodd 5 centimetr i ffwrdd. Pa mor dal ydy'r blodyn nawr?

3. Mae 12 plentyn yn nosbarth 5. Yn y gwasanaeth mae'r pennaeth wedi gofyn i'r plant eistedd mewn rhesi o 4. Sawl rhes sydd yna?

4. Prynodd Tirion gâs pensiliau newydd o'r siop. Costiodd 20c. Rhoddodd 30c i weithiwr y siop i dalu amdano. Cafodd ei newid yn ôl mewn darnau 5c. Sawl darn o arian gafodd hi'n ôl?

© Catherine Yemm

1. Fore Sadwrn cyrhaeddodd 11 set o famau a thadau yr ysgol i helpu peintio ffens yr ysgol. Faint o bobl oedd yn peintio i gyd?

2. Tyfodd blodyn yr haul Siân 18 centimetr o uchder ym mis Mai ac yna 11 centimetr arall ym mis Mehefin. Ym mis Gorffennaf fe dorrodd top y blodyn a disgynodd 7 centimetr i ffwrdd. Pa mor dal ydy'r blodyn nawr?

3. Mae 20 plentyn yn nosbarth 5. Yn y gwasanaeth mae'r pennaeth wedi gofyn i'r plant eistedd mewn rhesi o 4. Sawl rhes sydd yna?

4. Prynodd Tirion gâs pensiliau newydd o'r siop. Costiodd 30c. Rhoddodd 50c i weithiwr y siop i dalu amdano. Cafodd ei newid yn ôl mewn darnau 5c. Sawl darn o arian gafodd hi'n ôl?

Gwers 5c

1. Fore Sadwrn cyrhaeddodd 14 set o famau a thadau yr ysgol i helpu peintio ffens yr ysgol. Faint o bobl oedd yn peintio i gyd?

2. Tyfodd blodyn yr haul Siân 22 centimetr o uchder ym mis Mai ac yna 10 centimetr arall ym mis Mehefin. Ym mis Gorffennaf fe dorrodd top y blodyn a disgynodd 8 centimetr i ffwrdd. Pa mor dal ydy'r blodyn nawr?

3. Mae 40 plentyn yn nosbarth 5. Yn y gwasanaeth mae'r pennaeth wedi gofyn i'r plant eistedd mewn rhesi o 4. Sawl rhes sydd yna?

4. Prynodd Tirion gâs pensiliau newydd o'r siop. Costiodd 80c. Rhoddodd £1 i weithiwr y siop i dalu amdano. Cafodd ei newid yn ôl mewn darnau 5c. Sawl darn o arian gafodd hi'n ôl?

© Catherine Yemm

Gweithgaredd dosbarth cyfan

Mae gan Jac ddau ddarn 5c a dau ddarn 10c a dau ddarn 2c.
Faint o arian sydd ganddo i gyd?

Mae Suzanne yn prynu llyfr o 12 stamp dosbarth 1af a llyfr o
chwech stamp dosbarth 1af. Mae'n defnyddio 10 stamp i anfon
gwahoddiadau parti i'w ffrindiau. Sawl stamp sydd ganddi ar ôl?

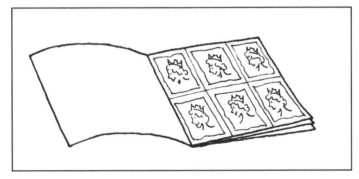

Mae Dad yn adeiladu silff esgidiau ar gyfer y cyntedd. Mae
angen gwybod pa mor fawr i'w wneud. Mae mam a dad a thri o
blant yn byw yn y tŷ. Faint o esgidiau sy'n rhaid ffitio ar y silff
os oes gan bob
person 2 bâr
o esgidiau?

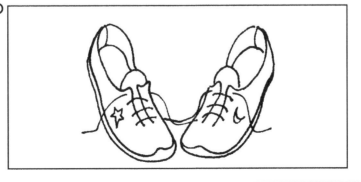

www.brilliantpublications.co.uk

Gwers 6a

Yn y gwersi nofio mae pob plentyn angen 2 fflôt. Sawl fflôt fydd ar yr athro ei angen os oes 8 plentyn yn y pwll?

1.

2. Mae Jon a Gemma yn chwarae gêm o gardiau. Mae 12 cerdyn yn y pecyn. Mae nhw angen eu rhannu'n gyfartal. Faint o gardiau fydd bob un yn ei gael?

3. Mae John, Lisa a Paul yn pwyso eu hunain ar y glorian. Mae John yn pwyso 30kg. Mae Lisa yn pwyso 2kg yn llai na John a Paul yn pwyso 3kg yn fwy na John. Faint mae Lisa a Paul yn ei bwyso?

4. Mae Siôn a Ruby yn cael ras. Mae Siôn yn cyrraedd y diwedd mewn 10 eiliad. Mae Ruby yn gorffen 4 eiliad wedyn. Mae Siôn yn rhedeg eto ac mae 2 eiliad yn arafach na Ruby. Faint o amser mae Siôn yn ei gymryd yr ail dro?

1. Yn y gwersi nofio mae pob plentyn angen 2 fflôt. Sawl fflôt fydd ar yr athro ei angen os oes 12 plentyn yn y pwll?

2. Mae Jon a Gemma yn chwarae gêm o gardiau. Mae 18 cerdyn yn y pecyn. Mae nhw angen eu rhannu'n gyfartal. Faint o gardiau fydd bob un yn ei gael?

3. Mae John, Lisa a Paul yn pwyso eu hunain ar y glorian. Mae John yn pwyso 40kg. Mae Lisa yn pwyso 7kg yn llai na John a Paul yn pwyso 7kg yn fwy na John. Faint mae Lisa a Paul yn ei bwyso?

4. Mae Siôn a Ruby yn cael ras. Mae Siôn yn cyrraedd y diwedd mewn 18 eiliad. Mae Ruby yn gorffen 5 eiliad wedyn. Mae Siôn yn rhedeg eto ac mae 3 eiliad yn arafach na Ruby. Faint o amser mae Siôn yn ei gymryd yr ail dro?

Gwers 6C

1. Yn y gwersi nofio mae pob plentyn angen 2 fflôt. Sawl fflôt fydd ar yr athro ei angen os oes 15 plentyn yn y pwll?

2. Mae Jon a Gemma yn chwarae gêm o gardiau. Mae 24 cerdyn yn y pecyn. Mae nhw angen eu rhannu'n gyfartal. Faint o gardiau fydd bob un yn ei gael?

3. Mae John, Lisa a Paul yn pwyso eu hunain ar y glorian. Mae John yn pwyso 42kg. Mae Lisa yn pwyso 5kg yn llai na John a Paul yn pwyso 5kg yn fwy na John. Faint mae Lisa a Paul yn ei bwyso?

4. Mae Siôn a Ruby yn cael ras. Mae Siôn yn cyrraedd y diwedd mewn 24 eiliad. Mae Ruby yn gorffen 8 eiliad wedyn. Mae Siôn yn rhedeg eto ac mae 4 eiliad yn arafach na Ruby. Faint o amser mae Siôn yn ei gymryd yr ail dro?

Datrys Problemau Mathemateg – Blwyddyn 2
© Catherine Yemm

Gwers 1

Gweithgaredd dosbarth cyfan

Mae Miss Williams, y warden traffig lleol, wedi bod yn gwylio'r ceir sy'n teithio drwy ei thref bob dydd. Mae wedi sylwi bod ceir coch yn fwy poblogaidd na cheir glas. Pa geir sydd fwyaf poblogaidd yn eich dosbarth chi, coch neu las?

Ysgrifennwch liw eich car neu geir ar ddarn o bapur. Daliwch e fel bod eich athro yn gallu ei weld.

Helpwch eich athro i roi'r wybodaeth am y ceir yn y tabl hwn. Bydd eich athro yn rhannu'r tabl yn golofnau. Bydd pob colofn ar gyfer car lliw gwahanol.

Lliwiau ceir

Coch	Glas	Arall

Edrychwch ar y wybodaeth rydych chi wedi'i chasglu. Nawr atebwch y cwestiynau canlynol.

Oes mwy o geir coch na cheir glas?_____

Pa liw car sydd fwyaf poblogaidd? _____

Sawl plentyn sydd gyda dau gar?_____

Enwch liw car nad yw gan unrhyw un. _____

Sawl car sydd gan y dosbarth i gyd gyda'i gilydd?_____

Pa liw ydy'r un lleiaf poblogaidd yn y dosbarth?_____

Rydych chi'n gyfrifol am brynu hufen iâ i'w werthu yn y ffair haf eleni ond dydych chi ddim yn siwr pa flasau i'w cael. I helpu chi benderfynu gallwch ofyn i'r plant yn y dosbarth pa flasau yw eu hoff flasau nhw. Mae'r siop lle byddwch yn prynu'r hufen iâ yn gwerthu 5 gwahanol flas sef mefus, siocled, fanila, mafon a mintys gyda darnau siocled.

Gofynnwch i 8 plentyn beth ydy eu hoff flasau. Dangoswch y wybodaeth rydych wedi'i chasglu yn y tabl hwn. Ysgrifennwch enw'r plentyn neu lythrennau cyntaf eu henwau o dan y blas.

Blasau hufen iâ

Mefus	Siocled	Fanila	Mafon	Mintys â darnau siocled

Edrychwch ar y wybodaeth rydych wedi'i chasglu. Nawr atebwch y cwestiynau canlynol.

Pa flas yw'r un mwyaf poblogaidd?

_____

Oedd yna flasau nad oedd y plant yn eu hoffi o gwbl?

_____

Pa 2 flas rydych chi'n meddwl y dylech chi eu gwerthu yn y ffair?

_____

Rydych chi'n gyfrifol am brynu hufen iâ i'w werthu yn y ffair haf eleni ond dydych chi ddim yn siwr pa flasau i'w cael. I helpu chi benderfynu gallwch ofyn i'r plant yn y dosbarth pa flasau yw eu hoff flasau nhw. Mae'r siop lle byddwch yn prynu'r hufen iâ yn gwerthu 5 gwahanol flas sef mefus, siocled, fanila, mafon a mintys gyda darnau siocled.

Gofynnwch i 8 plentyn beth ydy eu hoff flasau. Dangoswch y wybodaeth rydych wedi'i chasglu yn y tabl hwn. Ysgrifennwch enwau'r plant neu lythrennau cyntaf eu henwau o dan y blas.

Blasau hufen iâ

Mefus	Siocled	Fanila	Mafon	Mintys â darnau siocled

Edrychwch ar y wybodaeth rydych wedi'i chasglu. Nawr atebwch y cwestiynau canlynol.

Pa flas yw'r un mwyaf poblogaidd?

_____

Pa flas sydd lleiaf poblogaidd?

_____

Oedd yna flasau nad oedd y plant yn eu hoffi o gwbl?

_____

Pa 2 flas rydych chi'n meddwl y dylech chi eu gwerthu yn y ffair? _____

Pa 2 flas fyddech chi'n sicr ddim yn eu gwerthu yn y ffair?

_____

Gwers 1C

Rydych chi'n gyfrifol am brynu hufen iâ i'w werthu yn y ffair haf eleni ond dydych chi ddim yn siwr pa flasau i'w cael. I helpu chi benderfynu gallwch ofyn i'r plant yn y dosbarth pa flasau ydy eu hoff flasau nhw. Mae'r siop lle byddwch yn prynu'r hufen iâ yn gwerthu 5 gwahanol flas sef mefus, siocled, fanila, mafon a mintys gyda darnau siocled.

Gofynnwch i 12 plentyn beth ydy eu hoff flasau. Dangoswch y wybodaeth rydych wedi'i chasglu yn y tabl hwn. Ysgrifennwch enwau'r plant neu lythrennau cyntaf eu henwau o dan y blas.

Blasau hufen iâ

Mefus	Siocled	Fanila	Mafon	Mintys â darnau siocled

Edrychwch ar y wybodaeth rydych wedi'i chasglu. Nawr atebwch y cwestiynau canlynol.

Pa flas yw'r un mwyaf poblogaidd? _____

Pa 2 flas rydych chi'n meddwl y dylech chi eu gwerthu yn y ffair? _____

Pa 2 flas fyddech chi'n sicr ddim yn eu gwerthu yn y ffair?

_____

Faint o blant oedd yn hoffi hufen iâ mefus, fanila a siocled?

_____

Faint o blant oedd yn hoffi hufen iâ mintys â darnau siocled a mafon? _____

Datrys Problemau Mathemateg – Blwyddyn 2 © Catherine Yemm

Gweithgaredd dosbarth cyfan

Mae Dosbarth 2 wedi bod yn edrych ar rifau gwahanol rhwng 0 a 100 er mwyn dysgu mwy amdanyn nhw. Mae eu hathro wedi gofyn iddyn nhw feddwl am chwe rhif fydd yn ffitio i bob un o'r grwpiau hyn.

Grŵp 1 – eilrifau rhwng 20 a 50

Grŵp 2 – rhifau sy'n fwy na 55

Grŵp 3 – odrifau sy'n llai na 30

Dewch o hyd i rifau sy'n ffitio'r grwpiau hyn a threfnwch nhw mewn tair rhestr.

Grŵp 1	Grŵp 2	Grŵp 3

Edrychwch ar y wybodaeth rydych chi wedi'i chasglu ac atebwch y cwestiynau canlynol.

Beth ydy'r rhif mwyaf rydych chi wedi'i ysgrifennu? _____

Beth ydy'r rhif lleiaf rydych chi wedi'i ysgrifennu? _____

Ydy rhai o'r rhifau yn y grwpiau yr un fath? _____

Adiwch y ddau rif lleiaf gyda'i gilydd. Beth ydy'r ateb?

_____

Ydy'r rhif 3 yn unrhyw un o'ch rhestrau? _____

Datrys Problemau Mathemateg – Blwyddyn 2

Gwers 2a

Mae eich athro eisiau dysgu mwy am y rhifau 0-100. Meddyliwch am chwe rhif fydd yn ffitio i bob un o'r grwpiau hyn.

Grŵp 1 – lluosrifau o 2 rhwng 0 a 20

Grŵp 2 – rhifau sy'n fwy na 30

Grŵp 3 – odrifau sy'n fwy na 10

Dewch o hyd i rifau sy'n ffitio'r grwpiau hyn a threfnwch nhw mewn tair rhestr.

Grŵp 1	Grŵp 2	Grŵp 3

Edrychwch ar y wybodaeth rydych chi wedi'i chasglu ac atebwch y cwestiynau canlynol.

Beth ydy'r rhif mwyaf rydych chi wedi'i ysgrifennu? _____

Beth ydy'r rhif lleiaf rydych chi wedi'i ysgrifennu? _____

Ydy rhai o'r rhifau yn y grwpiau yr un fath? _____

_____

Adiwch y ddau rif lleiaf gyda'i gilydd. Beth ydy'r ateb? _____

_____

Ydy'r rhif 13 yn unrhyw un o'ch rhestrau? _____

© Catherine Yemm

Mae eich athro eisiau dysgu mwy am y rhifau 0-100. Meddyliwch am wyth rhif fydd yn ffitio i bob un o'r grwpiau hyn.

Grŵp 1 – lluosrifau o 2 rhwng 10 a 30

Grŵp 2 – rhifau sy'n llai na 80

Grŵp 3 – odrifau sy'n fwy na 20

Dewch o hyd i rifau sy'n ffitio'r grwpiau hyn a threfnwch nhw mewn tair rhestr.

Grŵp 1	Grŵp 2	Grŵp 3

Edrychwch ar y wybodaeth rydych chi wedi'i chasglu ac atebwch y cwestiynau canlynol.

Beth ydy'r rhif mwyaf rydych chi wedi'i ysgrifennu? _____

Beth ydy'r rhif lleiaf rydych chi wedi'i ysgrifennu? _____

Ydy rhai o'r rhifau yn y grwpiau yr un fath? _____

Adiwch y tri rhif lleiaf ym mhob grŵp gyda'i gilydd. Beth ydy'r ateb? _____

Beth ydy'r gwahaniaeth rhwng y rhif lleiaf yn Grŵp 1 a'r rhif lleiaf yn Grŵp 3? _____

Mae eich athro eisiau dysgu mwy am y rhifau 0-100. Meddyliwch am ddeg rhif fydd yn ffitio i bob un o'r grwpiau hyn.

Grŵp 1 – lluosrifau o 10 rhwng 5 a 95

Grŵp 2 – dyblau o rifau rhwng 0 a 20

Grŵp 3 – odrifau sy'n fwy na 70

Dewch o hyd i rifau sy'n ffitio'r grwpiau hyn a threfnwch nhw mewn 3 rhestr.

Grŵp 1	Grŵp 2	Grŵp 3

Edrychwch ar y wybodaeth rydych chi wedi'i chasglu ac atebwch y cwestiynau canlynol.

Beth ydy'r rhif mwyaf rydych chi wedi'i ysgrifennu? _____

Beth ydy'r rhif lleiaf rydych chi wedi'i ysgrifennu? _____

Adiwch y tri rhif lleiaf ym mhob grŵp gyda'i gilydd. Beth ydy'r ateb? _____

Dewiswch dri rhif o Grŵp 2. Hanerwch bob un. Beth ydy'r tri rhif newydd? _____

Ysgrifennwch dri rhif sy'n fwy na'r rhif mwyaf yn Grŵp 3? _____

www.brilliantpublications.co.uk   Gellir llungopio'r dudalen hon gan y sefydliad sy'n prynu yn unig.

90   **Datrys Problemau Mathemateg – Blwyddyn 2**   © Catherine Yemm

Gweithgaredd dosbarth cyfan

Mae Mrs Kane yn ceisio trefnu parti pen-blwydd i'w merch Chloe. Dyma restr o'r gwahanol flasau o greision mae'r plant sy'n dod i'r parti yn eu hoffi.

Bethan	Cyw iâr	Kate	Halen a finegr
Sam	Caws a nionyn	Liam	Caws a nionyn
Luke	Halen a finegr	Chloe	Halen
Isaac	Caws a nionyn	Paris	Halen

Gwnewch lun o baced o greision ar y pictogram i ddangos pa flas mae pob plentyn yn ei hoffi. Lliwich y pacedi caws a nionyn yn las, yr halen a finegr yn wyrdd, y rhai halen yn goch a'r cyw iâr yn felyn.

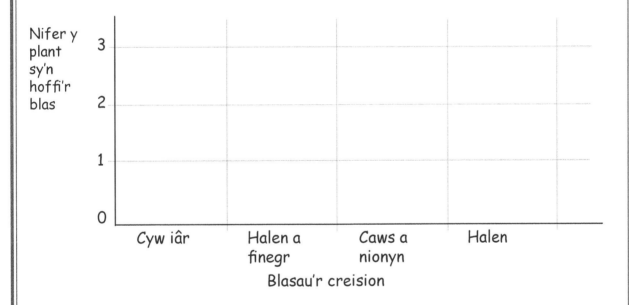

Pa un ydy'r blas mwyaf poblogaidd? _____

Pa un ydy'r blas lleiaf poblogaidd? _____

Pa 2 flas mae'r un nifer o blant yn ei hoffi?

_____

Faint yn fwy o blant sy'n hoffi creision blas caws a nionyn na blas cyw iâr?

_____

Hoffai cogydd yr ysgol gael gwybod a ydy'n well gan blant fananas neu afalau amser cinio. Helpwch hi i ddod o hyd i beth mae'r plant yn eich dosbarth chi yn ei hoffi. Gofynnwch i 6 plentyn pa un o'r ffrwythau canlynol ydy eu ffefryn: afalau, bananas, eirin gwlanog neu gellyg.

Trefnwch eich canlyniadau yn y tabl hwn. Ysgrifennwch faint o blant sy'n hoffi pob ffrwyth.

Ffrwyth	Ffefrynau'r plant
afalau	
bananas	
eirin gwlanog	
gellyg	

Defnyddiwch eich canlyniadau i wneud pictogram. Gwnewch luniau o'r ffrwythau ar eich graff.

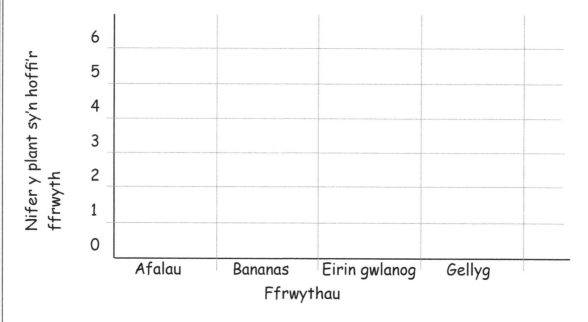

Pa ffrwyth ydy'r ffefryn? _____

Pa un mae'r plant yn ei hoffi leiaf? _____

Oes mwy o blant yn hoffi afalau neu fananas? _____

Ydy'n well gennych chi afalau neu fananas? _____

Hoffai cogydd yr ysgol gael gwybod a ydy'n well gan blant fananas neu afalau amser cinio. Helpwch hi i ddod o hyd i beth mae'r plant yn eich dosbarth chi yn ei hoffi. Gofynnwch i 8 plentyn pa un o'r ffrwythau canlynol ydy eu ffefryn: afalau, bananas, eirin gwlanog neu gellyg.

Trefnwch eich canlyniadau yn y tabl hwn. Ysgrifennwch faint o blant sy'n hoffi pob ffrwyth.

Ffrwyth	Ffefrynau'r plant
afalau	
bananas	
eirin gwlanog	
gellyg	

Defnyddiwch eich canlyniadau i wneud pictogram. Gwnewch luniau o'r ffrwythau ar eich graff.

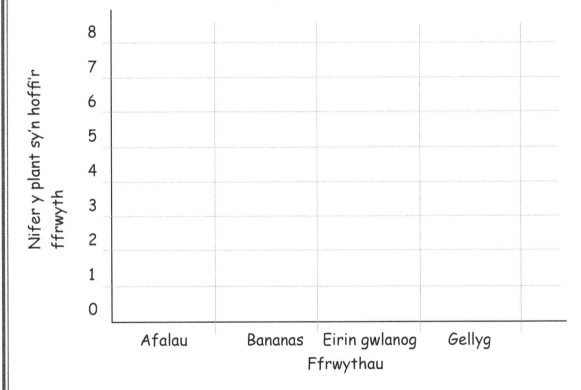

Pa ffrwyth ydy'r ffefryn? _____

Pa ffrwyth mae'r plant yn ei hoffi leiaf? _____

Oes mwy o blant yn hoffi afalau neu fananas? _____

Pa 2 ffrwyth fyddai'n gwerthu orau? _____

Gellir llungopïo'r dudalen hon gan y sefydliad sy'n prynu yn unig.

© Catherine Yemm

www.brilliantpublications.co.uk

Datrys Problemau Mathemateg – Blwyddyn 2

93

Hoffai cogydd yr ysgol gael gwybod a ydy'n well gan blant fananas neu afalau amser cinio. Helpwch hi i ddod o hyd i beth mae'r plant yn eich dosbarth chi yn ei hoffi. Gofynnwch i 8 plentyn pa un o'r ffrwythau canlynol ydy eu ffefryn: afalau, bananas, eirin gwlanog neu gellyg.

Trefnwch eich canlyniadau yn y tabl hwn. Ysgrifennwch faint o blant sy'n hoffi pob ffrwyth.

Ffrwyth	Ffefrynau'r plant
afalau	
bananas	
eirin gwlanog	
gellyg	

Defnyddiwch eich canlyniadau i wneud pictogram. Gwnewch luniau o'r ffrwythau ar eich graff.

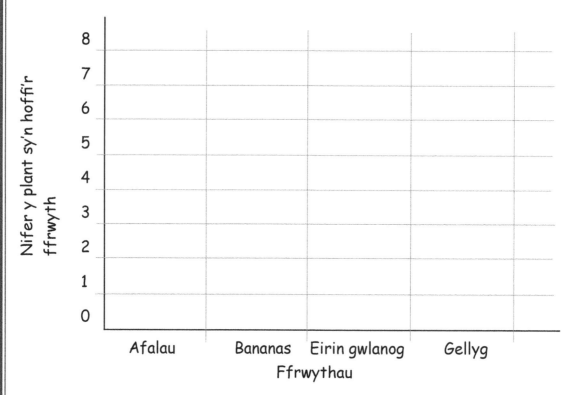

Pa ffrwyth ydy'r ffefryn? _____

Oes mwy o blant yn hoffi afalau neu fananas? _____

Pa 2 ffrwyth fyddai'n gwerthu orau? _____

Oes yna ffrwyth wnaeth neb ei ddewis? _____

Gweithgaredd dosbarth cyfan

Mae Dosbarth 2 wedi bod yn darganfod ffeithiau am deuluoedd ei gilydd. Mae nhw eisiau gweld a oes gan y plant yn y dosbarth fwy o frodyr na chwiorydd. Gofynnodd yr athro i'r plant a oedd ganddyn nhw frawd neu chwaer a chyfrodd y nifer o blant nad oedd gyda brodyr na chwiorydd, oedd gyda brodyr yn unig, oedd gyda chwiorydd yn unig, neu oedd gyda brawd a chwaer.

Dim brodyr na chwiorydd	Brodyr yn unig	Chwiorydd yn unig	Brodyr a chwiorydd
3	5	7	2

Defnyddiwch y wybodaeth hon i wneud graff bloc ac yna atebwch y cwestiynau.

Faint o blant sydd gyda brodyr a chwiorydd? _____

Faint yn fwy o blant sydd gyda chwaer yn unig na sydd gyda brawd yn unig? _____

Faint o blant sydd heb frodyr na chwiorydd? _____

Faint o blant sydd yn y dosbarth? _____

Defnyddio sgiliau data

Hoffai eich athro wybod pa anifeiliad rydych chi'n eu hoffi. Gallwch ddewis o gŵn, cathod, adar neu bochdew. Gofynnwch i 4 plentyn pa anifail maen nhw'n ei hoffi fwyaf o'r rhestr. Cofnodwch eich canlyniadau yn y tabl.

Anifeiliaid	Faint	Cyfanswm
Cŵn		
Cathod		
Adar		
Bochdew		

Defnyddiwch y wybodaeth hon i wneud graff bloc ac yna atebwch y cwestiynau.

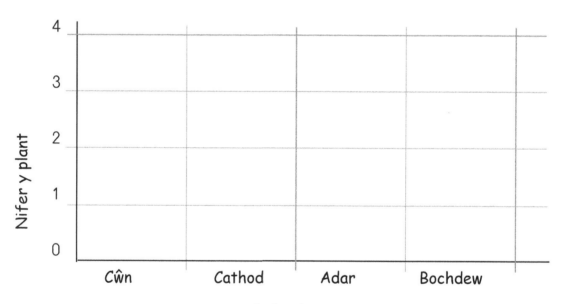

Faint o blant sydd well ganddyn nhw gŵn?_____

Faint o blant sydd well ganddyn nhw fochdew? _____

Ydy'n well gan blant gŵn neu gathod? _____

Oes gennych chi anifail adref? _____

Hoffai eich athro wybod pa anifeiliad sydd well gennych chi.
Gallwch ddewis o gŵn, cathod, adar neu bochdew. Gofynnwch
i 6 plentyn pa anifail maen nhw'n ei hoffi fwyaf o'r rhestr.
Cofnodwch eich canlyniadau yn y tabl.

Anifeiliaid	Faint	Cyfanswm
Cŵn		
Cathod		
Adar		
Bochdew		

Defnyddiwch y wybodaeth hon i wneud graff bloc ac yna
atebwch y cwestiynau.

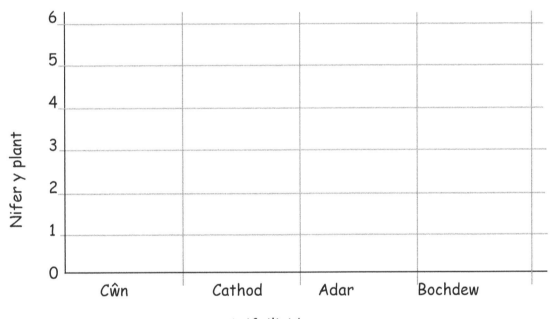

Faint o blant sydd well ganddyn nhw gŵn? _____

Ydy'n well gan blant gŵn neu gathod? _____

Oes yna blant sy'n hoffi adar? _____

Oes gennych chi anifail adref? _____

Os mai parot yw hoff anifail eich athro faint o adar sydd yna

wedyn? _____

Gellir llungopïo'r dudalen hon gan y sefydliad sy'n prynu yn unig.

www.brilliantpublications.co.uk

© Catherine Yemm

Datrys Problemau Mathemateg – Blwyddyn 2

97

Gwers 4C

Hoffai eich athro wybod pa anifeiliad rydych chi'n eu hoffi. Gallwch ddewis o gŵn, cathod, adar neu bochdew. Gofynnwch i 8 plentyn pa anifail maen nhw'n ei hoffi fwyaf o'r rhestr. Cofnodwch eich canlyniadau yn y tabl.

Anifeiliaid	Faint	Cyfanswm
Cŵn		
Cathod		
Adar		
Bochdew		

Defnyddiwch y wybodaeth hon i wneud graff bloc ac yna atebwch y cwestiynau.

Faint o blant sydd well ganddyn nhw gŵn? _____

Ydy'n well gan blant gŵn neu gathod? _____

Oes yna blant sy'n hoffi adar? _____

Oes gennych chi anifail adref? _____

Os mai parot ydy hoff anifail eich athro faint o adar sydd yna wedyn? _____

Pa anifail sydd well gennych chi? _____

Ydy hyn yn gwneud gwahaniaeth i'r canlyniad uchaf? _____

Gweithgaredd dosbarth cyfan

Mae Ysgol Gynradd Pant y Rhosyn yn adeiladu maes parcio newydd felly maen nhw'n ceisio gweithio allan faint o lefydd parcio fyddai'n ddefnyddiol. Mae'r pennaeth wedi gofyn i rai teuluoedd sut maen nhw'n teithio i'r ysgol.

Jones – Car
Lewis – Cerdded
Peters – Beic
Jacobs – Cerdded

Davies - Car
Williams – Bws
Evans – Car
Morris - Car

Gwnewch lun ar y pictogram i ddangos faint o deuluoedd sy'n teithio yn y ffyrdd gwahanol.

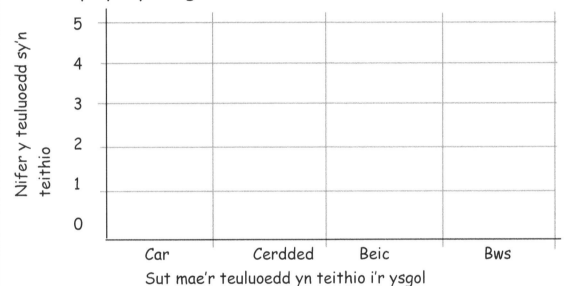

Pa ffordd ydy'r mwyaf poblogaidd o deithio i'r ysgol? _____

Pa ffordd yw'r lleiaf poblogaidd o deithio i'r ysgol? _____

Faint yn fwy o deuluoedd sy'n cerdded nac sy'n teithio ar fws?

_____

Ydych chi'n meddwl y byddai'r graff hwn yn edrych yn wahanol pe bai'r pennaeth yn gofyn y cwestiwn i'r teuluoedd yn yr haf ac yna eto yn y gaeaf? _____

Pam? _____

© Catherine Yemm **Datrys Problemau Mathemateg – Blwyddyn 2**

Hoffai llywodraethwyr yr ysgol wybod sut mae'r rhan fwyaf o'r plant ym Mlwyddyn 2 yn teithio adref o'r ysgol. Helpwch nhw drwy ofyn i rai o'r plant yn eich dosbarth sut maen nhw'n teithio adref o'r ysgol. Gofynnwch i 6 plentyn. Cofnodwch eu hatebion yn y tabl hwn.

Enw	Sut maen nhw'n teithio adref

Gwnewch lun ar y pictogram i ddangos y nifer o blant sy'n teithio yn y ffyrdd gwahanol.

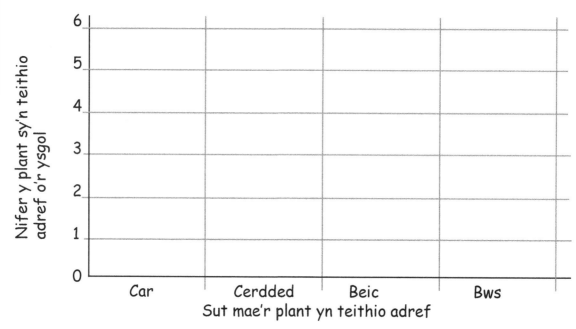

Pa un ydy'r ffordd mwyaf poblogaidd o deithio adref o'r ysgol?

_____

Pa un ydy'r ffordd lleiaf poblogaidd o deithio adref o'r ysgol?

_____

Sut ydych chi'n teithio adref o'r ysgol?_____

Ydy rhai o'ch ffrindiau yn cerdded adref o'r ysgol? _____

Hoffai llywodraethwyr yr ysgol wybod sut mae'r rhan fwyaf o'r plant ym Mlwyddyn 2 yn teithio adref o'r ysgol. Helpwch nhw drwy ofyn i rai o'r plant yn eich dosbarth sut maen nhw'n teithio adref o'r ysgol. Gofynnwch i 8 plentyn. Cofnodwch eu hatebion yn y tabl hwn.

Enw	Sut maen nhw'n teithio adref

Gwnewch lun ar y pictogram i ddangos y nifer o blant sy'n teithio yn y ffyrdd gwahanol.

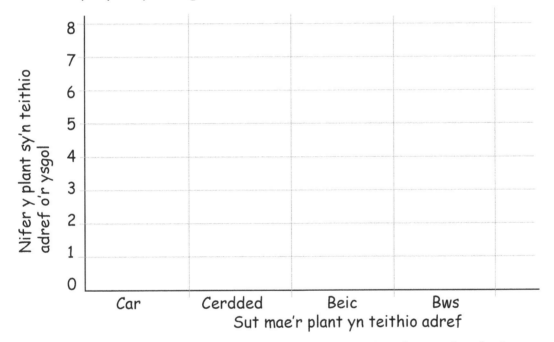

Pa un ydy'r ffordd mwyaf poblogaidd o deithio adref o'r ysgol?

_____

Pa un ydy'r ffordd lleiaf poblogaidd o deithio adref o'r ysgol?

_____

Sut ydych chi'n teithio adref o'r ysgol? _____

Oes mwy o bobl yn teithio yn y car nac sy'n cerdded adref o'r ysgol? _____

Oes unrhyw un yn seiclo adref o'r ysgol? _____

www.brilliantpublications.co.uk

Datrys Problemau Mathemateg – Blwyddyn 2

Hoffai llywodraethwyr yr ysgol wybod sut mae'r rhan fwyaf o'r plant ym Mlwyddyn 2 yn teithio adref o'r ysgol. Helpwch nhw drwy ofyn i rai o'r plant yn eich dosbarth sut maen nhw'n teithio adref o'r ysgol. Gofynnwch i 8 plentyn. Cofnodwch eu hatebion yn y tabl hwn.

Enw	Sut maen nhw'n teithio adref	Enw	Sut maen nhw'n teithio adref

Gwnewch lun ar y pictogram i ddangos y nifer o blant sy'n teithio yn y ffyrdd gwahanol.

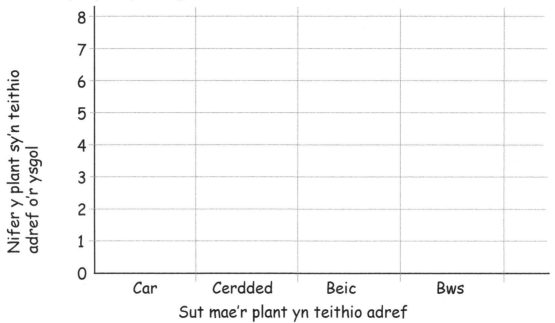

Pa un ydy'r ffordd mwyaf poblogaidd o deithio adref o'r ysgol?

_____

Pa un ydy'r ffordd lleiaf poblogaidd o deithio adref o'r ysgol?

_____

Sut ydych chi'n teithio adref o'r ysgol?_____

Pa ffordd rydych chi'n meddwl yw'r ffordd orau i deithio adref o'r ysgol a pham?_____

Mewn sawl ffordd wahanol mae'r plant yn eich dosbarth yn teithio adref o'r ysgol?_____

Gweithgaredd dosbarth cyfan

Mae'r plant yn nosbarth Miss Roberts wedi eu rhoi mewn grwpiau wrth fyrddau gwahanol liw. Yr wythnos hon mae'r plant wrth bob bwrdd wedi bod yn casglu sêr arian am gofio dweud 'os gwelwch yn dda' a 'diolch'. Ar ddiwedd yr wythnos bydd y bwrdd gyda'r mwyaf o sêr yn ennill gwobr.

Mae'r tabl hwn yn dangos y nifer o sêr mae pob grŵp wedi ei gael bob diwrnod o'r wythnos.

	Dydd Llun	Dydd Mawrth	Dydd Mercher	Dydd Iau	Dydd Gwener	Cyfanswm
Gwyrdd	2	1	2	2	1	
Coch	1	1	2	3	1	
Glas	0	1	1	1	1	
Melyn	2	2	2	2	2	

Adiwch y sêr mae pob bwrdd wedi'i gael yn ystod yr wythnos. Dangoswch eich canlyniadau mewn graff bloc.

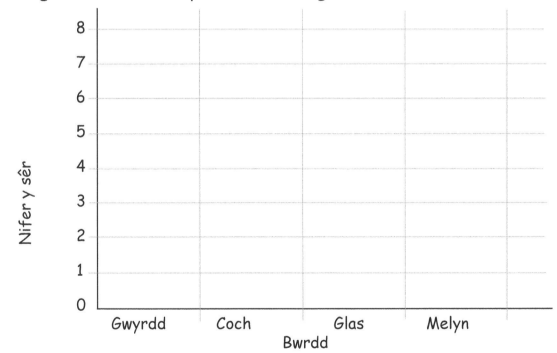

Pa fwrdd fydd yn ennill gwobr yr wythnos hon? _____

Pa fwrdd sydd angen cofio dweud 'os gwelwch yn dda' a 'diolch' yn amlach? _____

Pa ddau fwrdd gafodd yr un faint o sêr? _____

Faint o sêr gafodd y dosbarth gyda'i gilydd? _____

Gellir llungopïo'r dudalen hon gan y sefydliad sy'n prynu yn unig.

© Catherine Yemm

www.brilliantpublications.co.uk

Datrys Problemau Mathemateg – Blwyddyn 2 103

Defnyddio sgiliau data

Gofynnwyd i chi helpu i ddewis llyfrau newydd ar gyfer llyfrgell yr ysgol. Gallwch ddewis llyfrau stori, llyfrau cerddi, llyfrau gwyddoniaeth neu lyfrau hanes. Mae'n rhaid i chi ddewis llyfrau y bydd pawb yn hoffi eu darllen. Gofynnwch i unrhyw 6 plentyn yn eich dosbarth pa fath o lyfrau maen nhw'n eu hoffi. Caiff pob un ddewis 2 fath o lyfr yr un. Cofnodwch eu hatebion yn y tabl hwn. Ticiwch y llyfrau maen nhw'n eu hoffi.

Enw	Stori	Cerddi	Gwyddoniaeth	Hanes

Dangoswch eich canlyniadau mewn graff bloc.

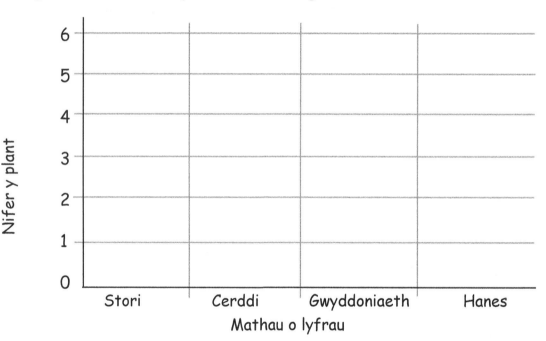

Pa fath o lyfr ydy'r mwyaf poblogaidd? _____

Pa fath o lyfr ydy'r lleiaf poblogaidd? _____

Oes mwy o blant yn hoffi llyfrau hanes na llyfrau gwyddoniaeth?

_____

Pa ddau fath o lyfr fyddech chi'n eu dewis i'w darllen?

_____

© Catherine Yemm

Gofynnwyd i chi helpu i ddewis llyfrau newydd ar gyfer llyfrgell yr ysgol. Gallwch ddewis llyfrau stori, llyfrau cerddi, llyfrau gwyddoniaeth neu lyfrau hanes. Mae'n rhaid i chi ddewis llyfrau y bydd pawb yn hoffi eu darllen. Gofynnwch i unrhyw 8 plentyn yn eich dosbarth pa fath o lyfrau maen nhw'n eu hoffi. Caiff pob un ddewis 2 fath o lyfr yr un. Cofnodwch eu hatebion yn y tabl hwn. Ticiwch y llyfrau maen nhw'n eu hoffi.

Enw	Stori	Cerddi	Gwyddoniaeth	Hanes

Dangoswch eich canlyniadau mewn graff bloc.

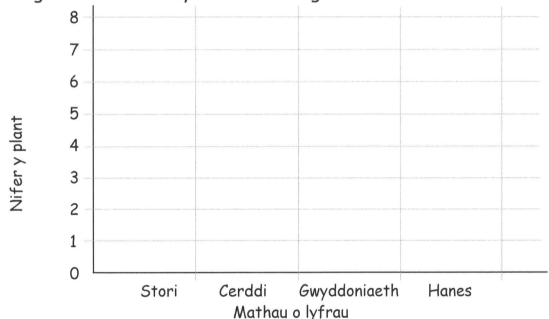

Pa fath o lyfr ydy'r mwyaf poblogaidd? _____

Oes mwy o blant yn hoffi llyfrau hanes na llyfrau gwyddoniaeth?

_____

Pa fath o lyfr rydych chi'n meddwl na fydd llawer o blant am ei ddarllen? _____

Pa lyfrau fyddech chi'n eu dewis i'w darllen? _____

Defnyddio sgiliau data

Gofynnwyd i chi helpu i ddewis llyfrau newydd ar gyfer llyfrgell yr ysgol. Gallwch ddewis llyfrau stori, llyfrau cerddi, llyfrau gwyddoniaeth neu lyfrau hanes. Mae'n rhaid i chi ddewis llyfrau y bydd pawb yn hoffi eu darllen. Gofynnwch i unrhyw 6 plentyn yn eich dosbarth pa fath o lyfrau maen nhw'n eu hoffi. Caiff pob un ddewis 3 math o lyfr yr un. Cofnodwch eu hatebion yn y tabl hwn. Ticiwch y llyfrau maen nhw'n eu hoffi.

Enw	Stori	Cerddi	Gwyddoniaeth	Hanes

Dangoswch eich canlyniadau mewn graff bloc.

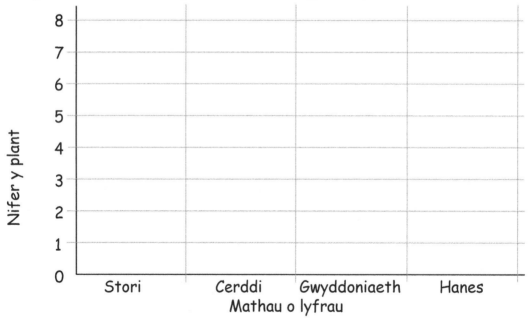

Pa fath o lyfr ydy'r mwyaf poblogaidd? _____

Oes mwy o blant yn hoffi llyfrau hanes na llyfrau gwyddoniaeth?

_____

Ydy llyfrau stori yn fwy poblogaidd na llyfrau hanes? _____

Ydych chi'n meddwl y byddai'r canlyniadau yn wahanol pe baech chi'n gofyn y cwestiwn i blant ifanc iawn? _____

Atebion
Datblygu ymresymu rhifyddol

Gwers 1 (tud 11)

A: 20 car; B: 35; C: 29c

Gwersi 1a–1c (tt 12–14)

C	1a	1b	1c
1	7c	13c	24c
2	11 sglodion	17 sglodion	25 sglodion
3	26	36	46
4	52g	77g	104g

Gwers 2 (tud 15)

A: 15c; B: 10 stamp; C: 4

Gwersi 2a–2c (tud 16–18)

C	2a	2b	2c
1	6 munud	10 munud	14 munud
2	£6	£9	£15
3	8	16	24
4	6	8	12

Gwers 3 (tud 19)

A: 13c; B: 21cm; C: 5c

Gwersi 3a–3c (tt 20–22)

C	3a	3b	3c
1	9 awr	13 awr	15 awr
2	£8	£6	£13
3	4	6	8
4	7	13	15

Gwers 4 (tud 23)

A:50c; B:2; C:drwy rannu 9 eitem rhwng 3.

Gwersi 4a–4c (tt 24–26)

C	4a	4b	4c
1	8	12	15
2	8÷4	10÷5	12÷2
3	£12	£20	£40
4	2	2	10

Gwers 5 (tud 27)

A: 5; B: oes; C: adio 12 a 7 yna defnyddio dulliau gwahanol.

Gwersi 5a–5c (tt 28–30)

C	5a	5b	5c
1	15	20	21
2	4	8	8
3	7	7	15
4	oes	oes	oes

Gwers 6 (tud 31)

A: 30c; B: 4c; C: 3

Gwersi 6a–6c (tt 32–34)

C	6a	6b	6c
1	8	12	16
2	5	10	14
3	Ben £12 Sam £3	Ben £20 Sam £5	Ben £28 Sam £7
4	15	21	45

**Datblygu ymresymu rhifyddol :
Adnabod prosesau a chysylltiadau**

Gwers 1 (tud 35)

A: cywir; B: silindr; C: sgwâr

Gwersi 1a–1c (tt 36–38)

C	1a	1b	1c
1	ciwb, ciwboid	ciwboid, prism triongl	pyramid, prism triongl
2	cywir	cywir	cywir
3	triongl	pentagon	hecsagon
4	triongl	petryal	sgwâr

Gwers 2 (tud 39)

A: unrhyw gyfrifiad gyda chyfanswm o 15; B: unrhyw gyfrifiad yn defnyddio 2, 3, a 7; C: cywir

Gwersi 2a–2c (tt 40– 42)

C	2a	2b	2c
1	3	5	15
2	Unrhyw 2	Unrhyw 4	Unrhyw 6
	rhif sy'n gwneud 20		
3	Unrhyw gyfrifiad yn defnyddio		
	2 ,3, 4	2, 3, 8	12, 3, 8
4	Unrhyw ateb yn dangos sut i'w wneud		

Gwers 3 (tud 43)

A: unrhyw bedrochr, h.y. petryal, sgwâr

B: cywir; C: unrhyw batrwm

Gwersi 3a–3c (tt 44– 46)

C	3a	3b	3
1	4	pentagon	pentagon
2	cywir	cywir	cywir
3	dim yn berthnasol	dim yn berthnasol	dim yn berthnasol
4	Unrhyw siâp gyda'r nifer yna o ochrau		

Gwers 4 (tud 47)

A: cywir; B: unrhyw esboniad sy'n dangos 5 + 1 = 6; C: mae unrhyw 3 rhif sy'n adio i 14 yn gywir

Gwersi 4a–4c (tt 48– 50)

C	4a	4b	4c
1	Rhannu darnau o arian rhwng		
	6 ÷ 2 = 3	9 ÷ 3 = 3	20 ÷ 5 = 4
2	cywir	cywir	cywir
3	Unrhyw ateb yn dangos sut i'w wneud		
4	cywir	cywir	cywir
	Mae angen i'r plant adnabod datganiad a phenderfynu a yw'n wir ai peidio a rhoi enghreiffitiau.		

Gwers 5 (tud 51)

A: o leiaf 5; B: trafodaeth dosbarth, cywir; C: sgwâr

Gwersi 5a–5c (tt 52–54)

C	5a	5b	5c
1	cywir	cywir	cywir
2	□ ○ □	□ □ ○	○ △ □ △
3	wynebau sgwâr: sgwâr, petryal ciwb, ciwboid, pyramid wyneb sgwâr, wynebau crwn: côn, silindr wynebau trionglog : pyramid wyneb trionglog		
4	trapesiwm	petryal	sgwâr

Gwers 6 (tud 55)

A: anghywir; B: trafodaeth dosbarth ac esboniad o swm; C: mae unrhyw bedwar rhif sy'n dod i 16 yn gywir

Gwersi 6a–6c (tt 56–58)

C	6a	6b	6c
1	8; 5 + 3 5; 4 + 1	10; 6 + 4 7; 2 + 5	20; 14 + 6 15; 7 + 8
2	1&7 neu 3&5	3&9, 5&7etc	3&21,7&17etc
3	7	8	18
4	cywir	cywir	cywir

Defnyddio sgiliau rhif

Gwers 1 (tud 59)
A: 23; B: 6; C: 20 munud

Gwersi 1a–1c (tt 60–62)

C	1a	1b	1c
1	12	18	24
2	5	8	13
3	8 metr	7 metr	8 metr
4	14	18	24

Gwers 2 (tud 63)
A: 25; B: 9; C: 12 munud

Gwersi 2a–2c (tt 64–66)

C	2a	2b	2c
1	30 litr	60 litr	90 litr
2	2	3	4
3	bydd	bydd	bydd
4	5	10	15

Gwers 3 (tud 67)
A: 22; B: 14°C; C: 60c

Gwersi 3a–3c (tt 68–70)

C	3a	3b	3c
1	6kg	7kg	15kg
2	200ml	200ml	700ml
3	12	18	25
4	10	20	25

Gwers 4 (tud 71)
A: 4; B: 32 munud; C: 2 munud

Gwersi 3a–3c (tt 72–74)

C	4a	4b	4c
1	15	21	27
2	3	4	6
3	2	3	4
4	25	35	45

Gwers 5 (tud 75)
A: 8; B: 3 munud; C: 5 bricsen

Gwersi 5a–5c (tt 76–78)

C	5a	5b	5c
1	12	22	28
2	15	22	24
3	3	5	10
4	2	4	4

Gwers 6 (tud 79)
A: 34c; B: 8; C: 20

Gwersi 6a–6c (tt 80–82)

C	6a	6b	6c
1	16	24	30
2	6	9	12
3	Lisa 28kg Paul 33kg	Lisa 33kg Paul 47kg	Lisa 37kg Paul 47kg
4	16 eiliad	26 eiliad	36 eiliad

Datrys Problemau Mathemateg – Blwyddyn 2

Lightning Source UK Ltd.
Milton Keynes UK
UKOW07f0837040617

302607UK00003B/27/P

9 781783 172856